モーツァルトのいる休日

大人の楽しむクラシック

石田衣良

マイナビ新書

はじめに

モーツァルトの音楽は、不思議の音楽だ。

牛にきかせればミルクの出がよくなり、ワインの蔵で流せば芳醇な酒に仕上がるという。精神療法のひとつとして、あちこちの病院でつかわれ効果をあげてもいるらしい。恋をしているときはいっそう心を高めてくれ、大切な人を失ったときには深いなぐさめになる。クラシックになじみのない初心者が最初にふれてわかりやすく、一生を音楽と暮らした演奏家や学者たちが最後に多く選ぶのも、この人の作品である。今日も世界中で「アイネ・クライネ・ナハトムジーク」や「レクイエム」が鳴り響いていることだろう。

モーツァルトが誕生して、二百六十年以上になる。天国の天才はその程度のことで騒ぐなというかもしれない。きっと雲のうえから皮肉な顔で微笑《ほほえ》んでいることだろう。人の歴史が続く限り、自分の音楽も生き続ける。生前はあれほど冷たかった人々が、ついに真価を認めてくれたのだ。時代を先駆けた才能は、今もっとも豊かな時間のなかにあるのかもしれない。

むずかしいとか、古くさいとか、堅苦しいとか、クラシック音楽というと、とかく先入観だけで敬遠されがちだけれど、モーツァルトの音楽にはそんなところは欠片もない。人なつこく、やさしくて、いつも陽気。それでいて、きちんと腰を据えて話をしてみると、すごく深くまで人の心がわかっている。モーツァルトの音楽は理想的な隣人であり折にふれて会いたくなる親しい友人なのだ。そういう人をひとり、西洋音楽三百年の歴史のなかから選ぶのも、大人の素敵なたしなみである。

まだモーツァルトを知らない人は、まず一曲口ずさめるメロディを見つけてほしい。一度この素晴らしい世界に耳が開かれれば、どの作品もきっと楽しめるようになるだろう。

そのとき見つかるのは、モーツァルトという名のついた一生の宝なのである。

石田衣良

モーツァルトのいる休日

目次

第2部　石田衣良セレクション　モーツァルトはこれを聴こう! …… 75

第1部

I LOVE モーツァルト

「音楽を聴く」耳

　ぼくの家は普段からお茶の間にクラシック音楽が流れているというような家庭ではなかったので、初めてはまった音楽は洋楽のポップスだった。七〇年代のはじめ、ロックもポップスもとてもおもしろい時期だったのだ。

　当時の日本のロックは、まだ未成熟だったので、クラスではみんなが洋楽を聴いていた。前日まで歌謡曲の話をしていたクラスメートが、ある日いっせいにカーペンターズやエルトン・ジョンがいいといいだしたのである。日本語でロックは可能かなんて、大まじめに議論していたのだ。ぼくと同じ世代の人なら、深夜放送とかFMでアメリカのポップスを一生懸命聴いていた経験があることだろう。ぼくも小学生や中学生のころは、学校から帰るとすぐにラジオのスイッチを入れ、寝るまでつけっぱなしで本を読む毎日を過ごしていた。一日に七～八時間は聴いていたことになる。

とくに夢中だったのは「全米Ｔｏｐ40」をはじめとするアメリカのポップチャート。なかにはソウル系の黒人音楽とか、カーペンターズみたいなポップスとか、シンガー・ソングライターとか、いろいろな音楽があった。それがすごくおもしろくて、そのままずっとジャンルの幅を広げながら十年ぐらい聴き続けていた。八〇年代の終わりぐらいからだろうか、ポップ・ミュージック自体に寿命が訪れてしまったのだ。どのポップ音楽もプロデューサーが作ったトラックに歌手の顔だけすげ替えた歌をどんどん量産していくという、プロデューサー・システム型の産業音楽になってしまった。同じ時代に、ロックの産業化も進行していたのだ。

それがちょっとつまらないなと思い始めたころ、クラシック音楽と出会ったのだった。これは衝撃的だった。最初に聴いたのは、ピアニストのグレン・グールドが弾くバッハの「ゴルトベルク変奏曲」だ。

それ以前から、クラシック音楽の評論を読むのは好きだった。たとえば音楽評論家の吉田秀和さんのなめらかな文体にひかれて、音楽は聴かないのに吉田さんの本だけは読んでいた。

評論を通してグールドのバッハのことは少しは知っていたので、「じゃあ、ちょっと聴いてみようか」と思って、試しに渋谷のタワーレコードで「ゴルトベルク変奏曲」を買ってみたのだ。伝説のデビュー盤である。実際には、CDラックに積んでおいたままで、ぜんぜん手をつけなかったのだけれど。

三カ月ぐらい経《た》ったある月曜日の朝、会社に行く前に「ああ、こんなものがあったっけ」と目にとまり何気なくプレーヤーにかけてみた。そうしたら、ほんの二、三分で「ばちっ！」とクラシックの魅力に撃たれてしまったのだ。

それまでに何十万曲というポップスを聴いていたおかげで、「音楽を聴く耳」ができていたのだろう。真剣に音楽にむきあって、長い年月をすごせば、どんなジャンルの音楽によってでも、音楽の耳は育成できるのだ。「ゴルトベルク変奏曲」のアリアのあとの第一変奏、あの四十五秒間！　異様にスピード感のあるフレーズを聴いたとき、イメージが鮮やかに浮かんだのだ。鳥が空を飛んでいく。小鳥だからそのうち上昇はとまるだろうと思って見ていると、そのままロケットみたいに雲を突き抜けていく。四十五秒のスーパードライブが終わるころには宇宙空間を飛翔している。そんなイメージだった。これはすごい。こんなスピード感のある音楽は、それまでに聴いたどんなＢＰＭの速いダンス・ミュージックにだってなかった。それでいっぺんにクラシック音楽に耳が開いたのである。

ぼくはこの「音楽を聴く耳」というのが大切なのだろうと思っている。本でも同じだと思うけれど、ある文体や音楽様式を受け取る慣れやクセのようなものさえつくってしまえば、あとは自動的に自分に合った作品を探すことができる。土台さえできてしまえば、新しい世界をまるまる手にいれられるのだ。

「ゴルトベルク変奏曲」のあと、グールドのバッハをとりあえずひととおりそろえて聴いた。二十代の終わりのころだったと思う。これがぼくのクラシックの聴き始めだった。

　だから最初のころは「バッハ」と「グールド」という大きな山が二つあって、そこから他のアーティストの演奏するバッハや、グールドが弾く他の作曲家の作品へと興味が広がっていったのだ。ハイドン、モーツァルト、ベートーヴェン。そして時代をさかのぼったり、現代に来てみたり。こうしてすこしずつ勉強する過程が一番楽しかったかもしれない。大人になると、あまり真剣に学ぶ機会はすくないからだ。

　クラシック音楽は、最初はやっぱり何を聴いていいかわからない。普通のビギナーはみなそうだろう。大型店のクラシック売り場に行って無数に並んでいるCDを見ると、何を選んだらいいのか迷ってしまう。でも、それはすぐに慣れてしまうものです。そのころはフリーランスのコピーライターだったので自由につかえる小金もあり、毎週のようにCDショップに出かけては、バスケットいっぱいのCDを買ってくるという生活がしばらく続いた。

わからないものを少しずつ覚えながら自分でいいものを探していくのはとても楽しいことだ。ああいう楽しいことが数年に一回あったらとても幸せだろう。クラシック音楽でもいいし、もちろん小説でも、俳句や写真、登山やゴルフやダンスでもいいだろう。ある程度の歴史の積み重ねがあって、知識と技術の広さ、深さがきちんと蓄積されたジャンルはちゃんと探求のしがいがあるのだ。


クラシックを聴き始めたころは、音楽関係のガイド本もずいぶんと読んだ。イギリスのペンギン・ブックスの『クラシック・ガイド』や、音楽雑誌『グラモフォン』など。洋書のほうが多かったのは、海外小説を読むので英語に慣れていたせいと輸入盤ばかり漁っていたせいだ。ぼくはオーディオも好きなので、つい好録音のCDに手が伸びてしまう。

伝記で読む作曲家の人生も、みんなドラマチックでおもしろかった。そうか、シューベルトは梅毒で亡くなったのか。現代でもこういうことはあるよな、モダン・アートのキース・ヘリングも、クィーンのフレディ・マーキュリーもエイズだったし……。ブラームスとベートーヴェンは、生涯独身だったのか。対照的にバッハには、ふたりの妻に子どもが二十人いる。芸術と芸術家の人生の重なりぐあいを考えるのが、おもしろいのである。けれど徐々に知識が増えてくると、こういう発見の楽しみは少なくなってくる。

そう、わからないうちのほうがおもしろいのだ。知識を得ようと急がないほうがいいと思う。ぼくもあっという間に四十歳を過ぎてしまった。昔だったら「何でもいいから早く知りたい、覚えたい」と焦っていたことを、なるべくゆっくり、ちょっとずつわかりたいと考えるようになってきた。「お楽しみ」を急いで食いつぶしてしまいたくないのだ。クラシック音楽もあらゆるアートと同じで、お楽しみである。もちろん、作曲家や演奏家は命がけだが、あの緊張感を高みの見物できるのが、アートの素晴らしさなのだ。

とくに若い人は時間もたっぷりあるのだから、ゆっくりとクラシックと友人になればいいのではないだろうか。まずはそれぞれの作曲家の作品のなかから自分の耳が開く一曲を見つけてみよう。本当に最初は一曲でいいのだ。それさえ見つけることができれば、その作曲家の他の作品も全部聴けるようになる。いい作曲家は、すべての作品にその表現者にしかないような明らかな刻印を残しているからだ。

一般に「クラシック音楽」というのはすごく難しい音楽だ、勉強しないとわからないと頭から思いこんでしまいがちである。でも、そんなことはぜんぜんないのです。たとえばモーツァルトの音楽は、考えてみれば半分以上が機会音楽だといっていい。ちょっとしたパーティや舞踏会のバックで、今で言えば安っぽいシンセサイザーかなにかでがんがん演奏されているような音楽だと思えばいいのだ。当時はそれをモーツァルトのような天才に頼んで書いてもらっていたのである（これはうらやましい！　ぼくも自分の誕生日のためにモーツァルトに弦楽四重奏を一曲書いてもらいたかった）。「使い捨て」にされていたものなのだから、もっと気楽に流して聴いてもいいと思う。自分なりの方法で、モーツァルトを楽しむ。カジュアルだったり、おしゃれだったりする音楽の聴きかたを発明するのだ。そちらのほうが、泉下のモーツァルトはきっとよろこんでくれると、ぼくは思う。

実は本当に一番素晴らしいのは、芸術そのものではなくて、それを「素敵だ」「おもしろい」と感じることができる人の心である。三百年前のオーストリアの作曲家が注文仕事で書いた音楽を聴いて心から感動できる。人間の心のキャンバスのほうがどんな芸術よりもうんと広大なのだ。そのことに対しては、みんなもっと自信を持っていいと思う。アメリカ人が書いた火星の小説だっておもしろいし、アフリカの小説だってロシアの小説だって自在に読めるわけで、「難しい」とか「わからない」ということは、実際にはほとんどないのである。さまざまな芸術の世界に簡単に入っていくことができて、その世界を自分のものにすることができる。心の幅を広げていくことができる。そういう人の心のキャンバスの広さには、どんな芸術もかなわないものである。

音楽には「とても哀しいメロディ」とか「明るくて勇気の出る曲」とか多彩な表情があって、さまざまな表情の音楽を聴くことで、感情の幅をいっそう広げていくことができる。モーツァルトをもっと心のストレッチに使ったらどうだろうか。ぼくは「聴くと頭が良くなる」とか「胎教にいい」「母乳の出がよくなる」という聴きかたはあまり好きではないけれど、感情の両極端をつかい切って、心の幅を広げるにはとてもいい音楽だと思う。その意味でも、クラシックの世界に入るためにモーツァルトはまさに最高の素材なのだ。

モーツァルトの絶対テンポ感

モーツァルトを聴き始めた最初のころ、「これはいい！」と思ったのは「ディヴェルティメント」のK一三八と、定番の「ピアノ協奏曲第二〇番」、そして「クラリネット協奏曲」の三曲だった。ハーゲン四重奏団の「ディヴェルティメント」の張りのある元気さ、ミケランジェリの弾く協奏曲の第二楽章のピアノのはいりかたの見事さ。これはやっぱりすごい音楽だなあ。クラリネット協奏曲はモーツァルトが死ぬ直前に書かれた作品だけれど、第二楽章のアダージョなんて誰がどう聴いても「これはもう間違いなく空のうえから呼ばれてるな」と体感できる音楽。こういう音の質感は誰にでも難なくわかるのではないだろうか。

ぼくにとってモーツァルトの魅力は、何といっても快活で明解なテンポ感である。いったん流れ始めたら決して立ちどまらない音楽。ぼくは文章でも、ぶつぶつと切れているのは嫌いで、読み始めたらすうっと流れて、自然に山と谷が生まれて、ひと息で読める文章のほうが好きである。そういう意味でモーツァルトのつなぎの見事さや滑らかさは、まさに魅力的なのだ。

モーツァルトの音楽を聴いていると、絶対のテンポ感、タイム感覚を感じる。これは、テレビのアナウンサーと交わすスタジオ・トークと不思議に似た感覚である。「残り十秒」と指示されたときに、彼らが余裕の顔でしゃべりながらきっちりと十秒を刻んで言葉をあてはめていく、あの感覚。

小説や映画の場合、物語がスローダウンして、人物が動かなくなるのは作品として厳しい。ストーリーが停滞してしまい、読者は本を読みながら別のことを考えたりする。モーツァルトの作品は、たとえば五分なら五分間聴くと、そのなかでメロディなり、人間の感情なりがきっちりと五分間分だけ動いている。音楽のテンポが一定なだけでなく、そこで起こるイベントが充実し続けるのだ。これを本当のテンポ感というのだと思う。きちんとリズムを刻んでいるという意味だけのテンポ感ではなくて、動的なテンポ。音楽が展開されるあいだに、メロディなり音楽の深さなりがちゃんと刻まれていく。

それがない音楽も無数にある。というよりも、まるでないほうが多数派なのだ。よく「絶対音感」というけれど、それと同じように、音楽の絶対的なダイナミクス感が、作品の成否を握っているのだ。それが最も精密なのがモーツァルトだと、ぼくは思う。

一度手綱《たづな》をつかんだら放さないという集中力で、ぐいぐい引きこみながら、聴き手の心をグリップする力。

実は小説もこの握力がすごく大事なのだ。作家は自分で何がおもしろいかを、きちんとわかっていなければならない。わからないまま、ぼーっと書いていると作品の焦点がぼやけてしまう。新人賞の選考委員などをやっていると、そういう作品にたくさん目を通すことになる。小説を書く場合は、「何がおもしろいのか」を最初の一行からラストまでぎゅっと握り締めて書かなければいけない。そのグリップ力がモーツァルトは恐ろしく強いと思う。

同じことはバッハにもベートーヴェンにもいえること。求心力が強くて、けっして散漫になっていかない。しかもそれぞれの作曲家の色が濃厚だからまたおもしろくて、十秒か十五秒も聴けば誰の作品かすぐにわかる。そうして、ある作曲家の音楽を聴き分ける「耳」ができてしまえば、クラシック音楽を聴くのはますますおもしろくなるものです。

本当のエンターテイナー

小説を例にとって言えば、読んでいて「ああ、ここでこう来てほしいなあ」というところがある。ここはちゃんと見得を切って、主人公と女の子は最後までエッチしてほしいなあ、しかも、それを逃げるのではなく、ちゃんと描いてほしいというシーン。モーツァルトはそういうときに絶対に外さない人だと思う。

以前、ＦＭ局のスタジオにゲストで呼ばれて、ＮＨＫ交響楽団の人たちの演奏するクラリネット・クインテットを生で聴く機会があった。そのときにぼくがいったのは、モーツァルトの曲は、「このあとはこうなるといいな、次はこんなふうにいってくれるかな」と期待したとおりに、しかもこちらが予測するよりもずっと鮮やかに見せてくれるということ。そこがモーツァルトの天才の凄《すご》みなのだ。ある意味エンターテインメントの極致なのではないだろうか。それが芸術とエンターテインメントが分離していなかった時代の音楽の強さだろう。サロンなどでの機会音楽としてのエンターテインメント性と芸術性がぴたりと合致して、軸がずれていない音楽。小説でいえば、純文学とエンターテインメントの区分けがなかった明治のころの作品。それらがひとつに重なっていた時代の強さ、おもしろさがモーツァルトの音楽にはある。

最近の芝居や映画では、さんざん盛り上げておきながらクライマックスのシーンをわざと見せないで隠してしまうパターンがあるけれど、昔の人たちはそこはちゃんと見せ切ってくれる。お客が聴きたいと思うところはたっぷりと聴かせて、しかもお客の予想を超えてはるかに鮮やかに聴かせる。ぼくがモーツァルトの才能で一番すごいなと思うのは実はここのところなのだ。

こんなに哀しかったり喜んだり笑ったりしているくせに、すべてにおいてどこか超然とした雰囲気があるというのもおもしろい。たとえばオペラ「フィガロの結婚」でも、雲の上から人間の恋愛のドタバタを見ている感じがある。鳥の目で世界のすべてを見おろしているのだ。音楽に抜群の力があるので、そのなかですべての出来事を掌握できるのかもしれない。音楽を作っているあいだは、自分が全知全能の神であるという感覚をモーツァルトは持っていたのかもしれない。音楽が人生の反映であるというベートーヴェンのような生き方だと、苦しみぬかないと音楽を作る壁を乗り越えられなかったと思うけれど、モーツァルトは自分の持っている音の世界のなかでなら何でもできた人だったのだろう。

小説家にも同じようにそれぞれタイプがあって、自分の外側に世界を作り、そのなかで自由に振るまえる人と、自分の視点なり生活なりを入れないと小説をつくれない人がいる。どちらがいいというわけではなく、タイプの問題だけれど、これははっきりと分かれるものだ。一番わかりやすいのは、主人公がカフェの女給さんと浮気をして、奥さんの嫉妬心《しっとしん》で家中がごたごたになるという昔ながらの私小説に行くか、全然別なファンタジー、たとえば『銀河鉄道の夜』みたいにまったく外の世界を描き、そこでストーリーを動かすかである。それぞれに才能のよしあしがあってどちらがいいとは言えないけれど、モーツァルトは自分の外側に音を作る人で、そのタイプでピカイチの天才だったのではないかという気がする。

だから逆に言うと、作品のなかでどんなことが起きてもモーツァルトはまるで平気だったのだろう。「コジ・ファン・トゥッテ」なんて、大笑いしながら書いていたんじゃないかな。二組の恋人同士がお互いの愛を確かめるために恋人を交換して相手を試すというストーリーのオペラなのだけれど、「もっと皮肉に二、三回入れ替えたいな」なんて思いながら楽しんでいたはずだ。

モーツァルトの音楽力があまりに強かったので、彼にとってはそれを突き破るような作者がいなかったのだろう。だからどんな台本を渡されても、さっさと書けたのではないだろうか。いじわるな想像をすると、めちゃめちゃ悲惨な台本を渡したらきっとおもしろかったにちがいない。「ヴォツェック」みたいな本をあげて、これをオペラにしてくれと言ったらモーツァルトはどんな作品を書いたのだろう。あるいは『バトル・ロワイアル』。登場人物が互いに殺し合って全員死んでしまい、最後に生き残った主人公が神様に向かって「なぜこんなひどいことをするのですか?」と言いながら自分も死んでいくというようなストーリーをモーツァルトが書いたらすごくおもしろかっただろうと思う。モーツァルトの音楽には悲しみはあるけれど、ぐつぐつと燃えたつような怒りは、ほとんどないからだ。そういうのを一作でいいから観せてほしかったなあ。こんなことを想像させるということ自体が、素晴らしい作曲家の証明なのだけれど。

モーツァルトの評伝をあれこれ読んでみても、ぼくにはなぜだかあの人が実際に生きていたという印象が持てない。奇妙に透明というか、空気感だけしか摑《つか》めない妖精のような人だ。他の多くの大作曲家たちは、たとえばベートーヴェンでもブラームスでも、生きている感じ(それは苦痛と同義語なんだけど)がダイレクトに伝わってくる。モーツァルトの場合にはその生の濁りがないのだ。パキパキと鋭い青ガラスみたいな哀しいメロディが透明にとどまることなく流れているのは、もちろん美しいのだけれど、どうも人間らしくない。モーツァルトという人間が作品のなかに透明に消えていくのである。

もっともこの存在感のなさが魅力なのかもしれない。歌舞伎と同じで古典派の音楽は伝統的な型のなかで自分を表現することになる。苦しみや哀しみ、喜びなどの自己表出が極力抑えられていて、型が崩れないというのは、古典芸術のよいところなのだ。型のなかに自分を押し込んで自分を消していくことで、その人の個性が逆にものすごく力強く出てくることがある。モーツァルトはそういう意味での「自分の消し方」がよくわかっていた人なのだろう。自分を押しつけるようなところがないから、彼の音楽は機会音楽としても高いエンターテインメントをもっているのだろう。

ただし、そんなモーツァルトでも最晩年の作品には、私小説的な要素も出てきている。これは創作する人間には避けられないことなのだ。こんなに才能があって、よい作品を書いていてもまったく手応えがなく、それどころか「あいつは終わった」と言われるのだ。それでも自分が同時代の誰よりも最高の音楽を書いているとわかっている苦しさ、悔しさが晩年の作品に表れていると思う。

これは想像しただけでも恐いことだ。若いころよりも明らかによいものを書いているのに全然売れないという例は、小説家にだって他人事《ひとごと》ではない。

モーツァルトと同時代の作曲家ハイドン

ぼくはモーツァルトと同時代の音楽では、彼の先輩格にあたるハイドンが好きだ。爽やかでさくさくと乾いていて、湿ったところがないイメージ。秋の空みたいな爽快感があると思う。一曲聴いて、胸にもたれないので、さらにもう一曲。気がつくと一日中ずっと弦楽四重奏を聴いているなんて贅沢感がある。

ハイドンはきっとユーモアのある人だったと思う。音楽史を見渡しても、ユーモアのある作曲家はそうはいない。テンペラメントがあまり激しくないのもぼくの好きなところ。癇癪《かんしゃく》をおこして「キーッ」と目がつりあがったり、人を呪ったり恨んだりという感じがないのだ。その手の人は身近にいると困ったものだからね。やはり音楽家の気質と音楽は切り離すことはできないなあと感じるのだ。ハイドンは「偉くないけど楽しく生きる」のモデルとしていい音楽家だと思う。

作品の質量や見通しもちょうど良くて、ピアノ・ソナタや弦楽四重奏は何曲でもおかわりできます。シンフォニーも気が利いたとても楽しい音楽です。ぼくは小説でもあまり重いのが好きではないのでハイドン的なものが好みなのだ。作家で言えば池波正太郎みたいな人。『鬼平犯科帳』や『剣客商売』みたいにシンフォニーを書く。高度な技と持久力を兼ねた職人として素晴らしいと思う。ベートーヴェンの晩年の作品だとこうはいかない。立派なのはわかるけれど、もう勘弁してといいたくなることがある。偉大ではないけれども愛される、バランスの取れた人。これは音楽家として非常によいあり方なのではないだろうか。

ハイドンの音楽みたいに人生を生きるのはきっと悪くないことだろう。楽しい寄り道もあり、いつもにこやかで明るく陽気でいる。実際の生活面でもハイドンは恵まれていたし長生きもしたので、理想的な人生を送った人ではないだろうか。もちろん自分がなるとしたら、モーツァルトよりはハイドンのほうがいいなあ。

二十世紀以降の芸術は表現主義だとかテーマ主義音楽の構造の解体とか、ベートーヴェン的な流れがいきついてしまったところがあるので、そうでない明るく澄んだ古典的な世界というのはいいなと思う。現代では苦悩や哲学はあっても、祝祭的な音楽はすくないですからね。そうでなくても面倒くさいことが多い社会なので、わざわざダークサイドをクローズアップする音楽よりも、モーツァルトとかハイドンのような古典派前期の音楽がぼくの大好物です。

モーツァルトの不幸

　モーツァルトは一七五六年一月二十七日にオーストリアのザルツブルクで生まれた。ザルツブルクの宮廷音楽家だった父親に音楽の才能を見いだされて神童としてデビュー、六歳のころから約十年間、父や姉とともにヨーロッパ各地を巡ってピアノやヴァイオリンの腕前を披露する演奏旅行に明け暮れた。このあいだにあらゆるジャンルの作曲技法も身につけて、十代の後半にはすでに、当時の大人の作曲家たちにひけをとらない数多くの作品を書き残している。

　十代前半から父親と同様にザルツブルクの宮廷音楽家・教会音楽家として召し抱えられて、オルガンやヴァイオリンの演奏や作曲の仕事を務めている。やがてザルツブルクでの職務に不満を感じるようになったモーツァルトは、二十五歳のときに君主の制止を無視して勝手に職を辞し、大都市ウィーンでのフリーランスの音楽家としての生活を送り始める。これは当時の封建体制下にあっては、大冒険だったはずだ。

ウィーンでのモーツァルトは、はじめのうちはピアノ教師、演奏家、作曲家として成功したものの、やがて経済的には困窮をきわめるようになる。父親や友人たちへ宛てた借金の依頼状が数多く残っている。しかし、その最晩年まで作曲家としては華々しく活躍してもいたので、ある程度の収入はあったようだ。この経済的な行き詰まりは彼の浪費癖によるというのが定説だったけれど、新しい研究ではモーツァルトの家族はそれほどの贅沢はしていなかったとの説もある。ぼくは貴族の生まれではないモーツァルトが、上流階級の客から音楽の仕事をもらうために、かなり無理をしなければならなかったのではないかと思っている。いってみれば、収入はあるけれど、必要経費が多すぎて、追いつかなかったのだ。いずれにしてもけっして豊かではない生活のなか、一七九一年十二月五日、依頼されていた「レクイエム」の作曲の途中で病のために世を去った。その遺体は墓標もない共同墓地に寂しく葬られて行方知れずになったと伝えられている。地面に掘られた巨大な穴に、袋づめにされた天才の遺体は放りこまれたのだ。悲惨である。

モーツァルトが不幸だったのは、まずはあの時代に生まれたことだと思う。あとせめて三十年遅く生まれていれば、市民の時代がやってきたのだ。音楽にそれほど理解があるわけでもない貴族たちにおべんちゃらを言って給金をもらって暮らすというのは、才能のある音楽家にとってはつらいことだ。だからモーツァルトがあと三十年、五十年遅く生まれていたら、新しい市民階級に支持されて、もっと長生きできただろうし、もっといろんな音楽が書けたのかもしれないなと思う。

ただ、彼のような天才は、時代を超えるものだ。与えられたその時代の背景を全部利用して自分のものにしてしまう人だから。実際に当時のドイツの音楽、イタリアの音楽、パリの音楽……、全部自分のなかに取り入れて、自分の音楽にしてしまった。でも、どれほど厳しい制約でも乗り超えてしまう、それが才能の働きだからだ。一方で、もし彼が現代に生まれ大ヒット作を書いて、デビューCDが全世界で三千万枚売れたとしても、それで彼が単純にあの時代よりも幸せになることはないだろう。

ただし、残っている手紙の内容が借金の話ばかりなのにはちょっと心が痛む。せめてあのころに上演権が保証されていれば、彼の生活も比較にならないほど豊かなものになっただろうに。芸術全般をお金に換えるシステムが成り立っていなかった時代の芸術家は、やはりかなりつらかったわけだ。

音楽的な到達点と、世俗的な成功というのはなかなかうまく結びつかないものだ。幸運にもそれが重なる人もいるけれど、それはめずらしいパターンである。これには当人の性格の問題もおおきいのだ。モーツァルトのような激しい性格でなく、たとえばバッハとかハイドンのような温和な性格であれば、教会なり貴族なりに召し抱えられたままずっと幸せということもあり得たのである。そこは、モーツァルトも時代の子どもだったのだといえるのだろう。市民社会がどんどん育ってきて、先進的な気質の人びとのあいだでは、「貴族なんかなんだ、俺たちには自分の芸術がある」という、時代の空気があったと思う。モーツァルトも当然その風に吹かれていたわけで、幼いころから各地でちやほやされる経験がなかったにしても、あのままザルツブルクにとどまって活動し続けるということは無理だったのだろう。

幼いころから旅から旅の連続という生活を強《し》いられたのも不運だった。モーツァルトは、たぶん卓球の福原愛ちゃんみたいな存在だったのではないか。小さいころから卓球好きのお父さんお母さんに鍛えられ、小さくて可愛いうちは「まあ、この年でこんなにできてすごいわね！」とみんなにスター扱いされる。今後たとえオリンピックで活躍してもずっと「あの可愛い愛ちゃん」というイメージが残るのだ。金メダルを獲《と》ってテレビで特集番組を作ったとして、一番盛り上がるのはお母さんに叱られて泣きながら卓球台に向かっているシーンかもしれない。これはある意味でしょうがないことなのだ。その人のイメージが同時代の人びとにどう刷り込まれているかというのは、意図的に操作できないことなのだから。

　モーツァルトの場合は、愛玩動物や子役のような存在からだんだんとはみ出していってしまった。要するにお客が期待しているものより、ずっとよい作品を出しすぎてしまったところがあるのだ。ありあまる才能のせいで、「ただの子役」にとどまれなかったわけだ。最初に低年齢の「可愛らしさ」で勝負してしまったというのがモーツァルトの不運だろう。

　これは小説で言えば、最近話題になっている十代の新人作家たちと一緒ではないだろうか。十代で新人賞をもらっても、まだそれほど自分の世界があるわけではない。これまでの結果で見ても、十人にひとりと生き残れないのだ。ところがモーツァルトの場合は圧倒的な才能があった。でも周りから見ると、「あの人は七歳でデビューした人だよね。昔はすごかったね」となってしまう。そこがこの人の不運だったように思う。やはりデビューの仕方というのは、大切なものだ。

たとえば小説家になりたいという人がいるのであれば、十代、二十代のうちは何にも書かなくていいから、ずっと世の中を広く見て、本を読み、文章を練習するぐらいの覚悟でいいと思う。おいしいと思うものを食べたり、いろいろな恋愛で傷ついたり、あれこれ普通の人がやる普通のことをするほうがいいのだ。学校を卒業したらサラリーマンも一度経験したほうがいいかもしれない。学生のまま作家になった人は、仕事をする人間のことがまったく書けない場合が多いものだ。川端康成は文豪だけれど、会社員を書かせたら、まるで下手なのである。三十歳ぐらいになってからそれでもまだ書きたいと思うのであればプロになればいいのではないだろうか。十代、二十代の若いデビューを必要以上にもてはやす出版社・マスコミのやり方はビジネスとはいえ問題だと思う。人の人生はおもちゃではない。十三歳の子どもに文学賞をあげて、そのあと何も面倒を見ないというのは、論外だと思う。

もちろんモーツァルトの場合は潰《つぶ》れることなく、すぐれた作品を書き続けたわけだけれど、それは彼が、デビューの状況やそのころの音楽子役の人気を超える、圧倒的な音楽力を持っていたからだと思う。

ぼくたちは後の時代から見て、「魔笛」や「レクイエム」のモーツァルト、と評価するけれど、同時代を生きていた人たちはそうではなくてピアノ協奏曲の一桁代のモーツァルトをずっと憶えていたのではないか。あれほど抜群の才能があっても、同世代の人たちからどう評価されるかというのはまったく別の話。運がよかった音楽家たちのなかには、サリエリやバッハの息子など、現在では作品が聴かれていなくても、その時代には大人気で豊かに暮らした人たちもいる。このあたりが、芸術と経済の皮肉である。

教育パパが作った「ちっちゃい大人」

モーツァルトの父親がもう少し成功した音楽家だったらよかったのにと思うことがある。お父さんも焦りすぎていたのだろう。そこそこの才能があったものの恵まれない音楽家だったから、子どもに夢をたくし、子どもをネタに大金持ちになりたかった。しかし、息子の出来があまりによすぎたので、てっとりばやく結果を求めすぎたのである。そこでぐっと待つことができなかったのは、親としての弱さだったのではないか。せめて十五歳とか少年になってからデビューすれば、人寄せパンダ的な扱われ方はされなかったと思うのだけれど。

これは現代のお父さんお母さんの姿に重なるところがあるのではないか。今は、すぐに答えや結果が出ない生き方を我慢できない親が多い。子どもにもクイックな○×の答えを求めているのだ。

ぼくは早期の英才教育に疑問をもっている。ヴァイオリンやピアノをうんと早いうちから習わせればそれだけ有利になると思っている人がいるかもしれないけれど、そんなことはけっしてないと思う。本当の才能というのはそういう次元とは別物なのだ。お稽古ごとでちょっと弾けて「可愛いね」というのであれば、見ばえもよくて自慢かもしれない。でも、それほど焦らずに、十代ぐらいになってその子のなかから湧いてくるものを待ったほうがいいのではないかという気がするんだ。五歳から始めたってモノにならない子も多いわけだし、別に音楽がモノにならなくたっていいじゃないか。ほんのひと握りの人しかプロフェッショナルにならないのだから、音楽教室の隆盛はよくわからないところがある。

高級ブランドをひととおりそろえて、飽きてしまった親が、子どもにブランドのシールを貼りたいという事状はわからないではない。だが、「情操教育」として無理して音楽を習わせるのはやめたほうがいいんじゃないだろうか。親のほうにこそ情操教育が必要なはずだ。そういう点はみんなで少し考えないといけないだろう。全国の教育パパ・ママはモーツァルトのお父さんの立場に立って、少し自分自身を反省したらどうだろうか。

ぼくの『うつくしい子ども』は一九九七年に起きた神戸の連続児童殺傷事件をモチーフにした作品である。主人公はあの「少年A」をモデルにした犯人の兄で十四歳。モーツァルトが十四歳で書いた音楽、たとえばオペラ「ポントの王ミトリダーテ」のことを考えると、同じ「十四歳」という年齢の人間のものすごい幅を感じて驚かされる。そんな人間の可能性を見せてくれるという点でもモーツァルトは素晴らしい。

とはいっても十四歳。人間として成熟はしていなかったとは思うけれど、大人という意味では大人だったはずだ。当時は義務教育がないし、何歳から大人だというような区分けもいい加減だった。子どもはみな「ちっちゃな大人」としてふるまっていたようだ。起承転結が書かれた台本があればオペラだって書けるし、そういう意味ではものすごく鍛えられた、優秀なちっちゃな音楽家だったのだろうという気がする。

今の子どもは大人になるための過程にいる。社会がひどく複雑になったので、学習期間が延びているのだ。けれどモーツァルトの場合、「ポントの王ミトリダーテ」を書いている段階の彼を導くことなんて、はっきり言って当時の音楽家には誰もできなかったわけだ。

だから、音楽の点に関してはいつも十分に大人だったけれど、人間としての当人の中身は追いつかない。そこにやはりモーツァルトの哀しいところがあるかもしれない。ある部分が突出して優れている哀しさ。どこかしら飛び抜けたものがある人は、それ以外のところが欠けていたりすることがよくあるものだ。

ぼくは、それでもモーツァルト自身は幸せだったと思う。与えられた才能で実現した作品が飛び抜けて素晴らしかったのだから。十四歳で劇場からオペラ作曲の依頼があり、それに向けて作品を計画的に仕上げていくことができたなんて考えられない。

ぼくは、ある人間の内面や人格と、その人の才能というのは切り離して考えていいのではないかと考えている。モーツァルトが音楽の世界でやったことは本当に素晴らしかったと思う。モーツァルト個人に関して言えばそんなに幸せな生き方はしていないし、明白な限界や気質的な問題もかかえ、時代のなかでもがくように作曲していたのだ。だから「音楽の神様モーツァルト」みたいに扱うのは正しい方向ではない。

「人生を楽しむ感じ」で

最近ぼくは「夢」という言葉がすごく気になっている。みんなあまりにも「夢を持たなければいけない」と考えすぎているのではないだろうか。「夢に向かって頑張らなければいけない」というプレッシャーでちょっと苦しそうに見えてしようがないのだ。「夢」ってそんなに大切なのだろうか。

子どものうちは親や学校から「夢は何か」ということを頻繁に聞かれる。そこで子どもたちがだいたい答えるのは、パティシエ、サッカー選手、保母さん、学校の先生。その時々に流行《はや》りの職業である。どうも若い人たちが夢を追いかけつまずいたりするのを見ていると、たとえばモーツァルトを聴きながらもっと楽しく暮らすという生き方もあるのにと思うことがある。なんとか暮らしを立てて、お金を稼ぐだけだってずいぶん立派なことなのに、なぜそれだけではダメなのだろう。
モーツァルトだって夢なんか全然かなっていないのだ。音楽でなんとか食べてはいたけれど、現代から見れば彼の才能にふさわしいほどの成功はまったく得られていない。金銭的にも話にならない。でも、そんなには悪くない人生だったのではないかと考えてみれば、無理矢理に夢なんか持たなくていいんじゃないかと思うことがある。

ぼくの場合、七歳のときから「将来は作家になって本を出す」と学校の作文で書いていたので、その意味では意外と早熟なモーツァルト型だったかもしれない。通っていた小学校の近くに図書館があって、小学校二年生のある日、そこで本を借りて読んだらすごくおもしろくて、すっかりはまってしまったのだ。その年の夏休みには毎日二回ずつ図書館に通う習慣ができた。前の日に読み終わった本を朝返しに行く。そしてその日の夕方までに読む分を借りてきて、夕方もう一度出かけて行き、夜に読む本を借りてくるという生活の繰り返し。

そのころ読んでいたのは、普通に図書館の児童書の棚にあるような本の数々だ。『十五少年漂流記』などの冒険ものから『怪人二十一面相』、『ルパン』シリーズ、『赤毛のアン』、SFもの、怪談。ストーリーのあるものなら何でもよかった。文字のなかの世界がすごく楽しくて夢中になって読んだ。それ以降、本以外であんなに心を動かされたことはない気がする。

そんな図書館通いをしばらく続けていたある帰り道に、ふと思いついたのだ。本というのは読んでこんなにおもしろいんだから、これを自分で書いてみんなを喜ばせることができたら仕事としてなんて素晴らしいだろう。よし本を書く仕事をしよう、と。いわば逆転の発想で、自分では大発見のつもりだった。まあ、七歳だから許してください。もちろんその段階で本を書くことがお金になると思っていたわけではない。ただ人を喜ばせる仕事がしたいと思っただけだ。

でも、「作家という夢に向かって着々と」なんていうことはまったくなくて、もちろん本を読むのはずっと大好きだったけれど、実際に小説を書き始めたのは最初の「決心」から三十年近く経ったころだ。

大学を卒業してからしばらくは、会社に入るのが嫌でフリーターをやっていた。けれども二、三年たったとき、母が突然亡くなったのである。身近な人をなくした人ならわかると思うけど、そういうときは気分ががらりと変わるもの。社会を会社という組織のなかから見てみようかなという気になり、広告業界に潜り込んだのだ。プロダクションとか代理店を転々と移りながら、二十代はコピーライターとして、不動産から医療機器、ワープロ、ファッション、自動車など雑多な商品のコピーを書いていた。コピーライターの仕事を選んだのは「文章の修業のため」なんかではない。原稿を書いてお金がもらえるなら何でもよく、そのなかではコピーライターが一番一文字あたりの単価が良さそうだというので選んだだけのことだ。

五年ほど続けたサラリーマン生活だったけれど、やっぱり会社勤めはあまりむいていないと思って三十歳を過ぎて会社を辞め、フリーランスになった。バブル崩壊後だったけれど、お気楽なものです。そのうち自分で広告プロダクションでも経営して、若い子をピンハネしてのんびり生きようぐらいの考えだったのだ。青山あたりのバーによくいる、どう見ても二十歳ぐらい年齢の違う若い女の子を口説いている年齢職業不詳の小金持ちのおじさん。ああいう年のとり方をするんだろうなとおぼろげに思っていた。それに関してあまり不安はなかったのである。まあどっちに転んでも大したことはないし、小金に困ることもないだろうと考えていたのだ。

実際に会社設立の準備もしていたのだけれど、そうやって過ごしていると、どうにも時間が余ってしまうのだ。ぼくは努力型ではないし、広告をなめていたので一日に一時間とか二時間しか仕事をしていなかった。余った時間を遊び暮らしていたら、二年もしないうちに飽きてしまったのである。そのとき、コンビニで立ち読みした女性誌の星占いで、小説を書き始めたのだ。牡羊座は今後二年間重圧の星、土星の下にはいる。そのあいだに自分のなかにあるものを結晶化（クリスタライズ）させると吉。あれ、これは小説書けという意味だよなあ。そう思いこんでしまったのだ。

とはいっても最初はいい加減なもの。『公募ガイド』を買ってきて直近の新人賞を調べては印を付け、淡々と書き、終わったら送る、また次のが書き終わったら送るという具合。しかもぼくは、応募しているにもかかわらず小説誌を一度も買ったこともなかったので、「一次・二次選考」とか「最終選考」といった途中のシステムをまったく知らなかった。だから半年ぐらいしていきなり「最終選考に残りました」という知らせが届いたときには、「最終選考って何だ？」というぐらいの認識だったのです。

最初に書いた二本が最終選考に残ったので、「これは新人賞というのはレベルが低いんだな」と嫌味にも思ったのだ。ごめんなさい。そうこうするうちに、三本目の『池袋ウエストゲートパーク』でオール讀物推理小説新人賞をもらったのだ。

すでに三十代の半ばで書く素材もたくさんあった。エネルギーもあり余っている。次々と小説を発表することができたし、わりと評判も良かったので、すぐに他の出版社からも注文をもらえるようになった。それからはもう本当に追われるように生きているという感じだ。


ぼくは、わりと多彩な世界が書けるというのが特徴かもしれない。サスペンス的なもの、経済もの、恋愛もの、自分なりにあれこれとテーマを変奏して書いている。小説は、自分が体験したり見聞きしたりした素材が何でも役に立つのでおもしろい。逆に言うと、素材のわずかな若いうちはつらいということになる。

もちろんストーリーがうまくて、文章がいいということも大事なのだけれど、小説は作家の人間としての厚みを見られるものだと思うのだ。だからたとえば音楽のことがちらりと書いてあって「あっ、この作家の音楽のセンスはいいな。今度この曲聴いてみよう」という幅の広さがないと、読者はなかなか読んでくれないものだ。これはもう、人生で勉強してきたこと、楽しんできたことの蓄積がそのまま自然に出てくるのだ。

だから普通の感覚というのが案外大事なのである。無理に夢を探して、自分を傷つける必要なんかまったくない。普通に暮らしていくだけだって結構大変な世の中なんだから。そのなかで「人生を楽しむ感じ」をいつも忘れないでほしい。人生がつらい人はひたすら「つらいつらい」と言っているし、「人生は夢を探すことだ」なんて言っている人は一生ぽかんと口を開けて夢を探している。どちらもあまり楽しい生き方には思えないのだ。普通の仕事を淡々と果しながら、自分の人生を楽しむというスタンスもあるはずだ。そのための手助けのひとつとして、小説とか音楽があるのです。一生自分探しをしている人には、小説なんて要らないのだ。自分の人生のほうが小説みたいなものだから。

そもそも多くの人は、夢といったって、本当に自分がそれを好きなのかどうかもわかっていないような気がする。「これが夢」と言っておけば安全そうで、それとなくそつなくこなせるようなことを「夢」と言っているだけなのだ。何が本当に好きなのか、何が本当に楽しいのかを感じ取る力、それを大切にしてください。

パンより音楽が大切なときもある

二〇一〇年の国勢調査では、男性の三十代前半で四十七・三パーセント、女性で三十四・五パーセントが独身だという。この未婚率がどうなるかはわからないが、若い人たちが恋愛に関してあまりに臆病なのを見ているのはつらいことだ。「そこまでずっと一人でいなくてもいいのに」と思ってしまう。

音楽にしても、たしかに純音楽として楽しむという聴き方もあるけれど、たとえばオペラなどほとんどが恋愛の話なのだから、恋愛経験がまったくなくオペラを聴いたりするのはおもしろくないのではないだろうか。もうすこし柔らかな感性で音楽を聴いてほしい。音楽は生活のなかにあるアートなのだ。音楽に触れるのと同じぐらい気安く異性にアプローチしたらどうだろうか。とくにクラシックおたくの三十代独身男たち！　そんなに毎晩コンサート行ってないで、たまには女の子と遊んでみたら。

これは男性に限らないのだ。たとえば三十歳くらいですごくきれいな女性がいるとする。ちゃんと仕事もできて、ファッションにも気をつかっているし、化粧もすごく上手。複数の男から誘われて、何度かは付き合った経験もある。それなのに誰かを好きになる感覚がまったくわからないという人がいるのだ。

どうやら、あれほど恋愛に関する小説を読んでも、音楽を聴いても、映画を観ても、自分から心を動かすということができない人が増えているようだ。理由のひとつには、現代はあまりにも情報が多すぎて、外から押しつけられるものが多いということもあるのだろう。子どものころから親に「あれをしなさい、これをしなさい」と押しつけられすぎているのかもしれない。誰かほんとうに自分の心を動かしてくれる人を待ちながら、気がつくと四十歳、五十歳になっている。

これを解決するためには、自分の裸の心がどう感じているのかを見つめることが一番よいのだと思う。でも、それはかなり難しいことなのだ。たとえば先ほどの三十歳美女。ぼくが知っているケースでは、子どものころからお母さんがその子のことを溺愛《できあい》していて、その子の未来のためによいと思われるすべてのことをやらせてきた。三歳のときから一週間に五日間、塾だとかお稽古ごとに通わされたのである。その子は優秀だったし、お母さんのことが好きだからそのすべてに頑張ってきた。頑張って頑張って、お稽古ごとはほぼ何でもセミプロ級にできるようになったという。美人なので男たちの人気もあるようだ。でも、自分が本当は何を好きなのかがわからずに、心は凍りついている。その心のなかにあるのは何なのかと心理を剥《む》いていくと、実は「母親を憎んでいる」「支配から逃れたい」という気持ちだったりするのだ。

凍りついた心を溶かすために音楽が役に立つかどうかはわからない。音楽は、それなりに満ち足りているか、何かを失ってつらいときに心に染みるものだからだ。文学のような言葉の力のほうが役に立つのかもしれない。その点音楽は、音楽が鳴っている状況を心の側が受け入れるという気持ちがないとなかなか世界にはいっていけない。何かを受け入れられない状態とか、心が凍りついている状態では楽しめないのだ。

それでも、音楽を聴くうちにだんだんと心が豊かになっていくというのは、不思議なことだ。小説だって主人公は読者とは別人なのに、その人物になりきって一緒に笑ったり泣いたりして楽しんでいるうちに、いろいろな物の見方とか人間の心理などが学べるのだ。その点は音楽も小説もまったく同じだと思う。音楽のなかで、おおきな悲しみやよろこびに出会ううちに、自然に心の幅が広がっていくのである。

だから「音楽よりパンのほうが大切だ」というのは間違っている。誰にだって、お腹《なか》が空いているときに食事を我慢して、好きなCDを買うことがあるのではないだろうか。すくなくとも、若いころのぼくにはそれはぜんぜんめずらしいことではなかった。

　ぼくにとって音楽は、ただ聴いて楽しむだけでなく仕事の役にも立つものだ。作品のトーンを一定させるのに有効だし、四楽章のシンフォニーから長編小説の構成のヒントを得ることもある。物語のなかでどんな曲を流すか考えるのも楽しい。ぼくにとって音楽は創作上も欠かせない存在だと思う。

くどきのテクニックにクラシックを

音楽は生活を演出するのにも最適だ。たとえば朝の気分とか休みの日のゆったりした感じとかそれぞれにふさわしい曲がちゃんとある。たとえばちょっとしたホーム・パーティでモーツァルトをかけたらすごくシックに決まるだろう。明るいシンフォニーだったらどれでもと思う。コタツでモーツァルトも実はいいのだけれど、ちょっと仰々しいかな。

わが家に長男が生まれたとき、病院から戻ってはじめて家に入る赤ん坊のために何を流して迎えるかあれこれ考えた。候補はふたつ。グリーグのヴァイオリン・ソナタとモーツァルトの弦楽五重奏曲第三番。最終的にモーツァルトをかけたのだけれど、結局赤ん坊を連れて帰ってきたばかりのときには、誰も音楽なんて聴かないのだ。敵はすぐにゲップやウンチをするしね。気がついたら曲は終わっていた。あのクインテットは明るく気持ちのいい曲だけれどね。

つい最近、ある取材でジャズ・タクシーというものに乗った。真空管のアンプを載せてジャズをかけているというこだわりのタクシーで、『池袋ウエストゲートパーク』にも登場してもらったのだけれど、実際に乗るのは初めて。このジャズ・タクシーに乗って一時間半ぐらい都心を走るという取材だったのである。そのときのテーマがモーツァルトだった。交響曲第四一番「ジュピター」をかけながら首都高をとばしていたら、いつもはジャズしか聴かない運転手さんが「クラシックもいいね。意外とはまるね。銀座のビルがマンハッタンに見えてくるなあ」と言い始めた。これが実際そんな感じがするのだ。ドライブ・ミュージックとしてのモーツァルトというのもなかなか良さそうである。「ジュピター」とか交響曲第三九番とか、ああいうガツンと来る祝祭的な曲が合っているのかもしれない。

実はこのジャズ・タクシーの運転手さんはすごい演出家なのだ。

六十歳で定年退職する部長さんがいる。人徳もあり部下にも愛されている人だ。会社勤め最後の日、居酒屋での送別会が終わって店の外に出てみると、部下が手配したジャズ・タクシーが待っている。そうとは知らずに部長さんがタクシーに乗り込んだ途端、彼の一番好きなマイルス・デイヴィスがかかる。そこで運転手がひと言、「今日は部下の皆さんがお金を出し合って、あなたを家までお送りするために私を呼んでくれたんですよ」と説明すると、六十歳のいい大人たちがみんな泣くというのだ。

このジャズ・タクシーは雑誌などでも取り上げられていて有名なので、誕生日とか結婚記念日とか、なにか特別な日のために呼ばれてはこうした演出を披露しているらしい。彼女の誕生日、二人でジャズ・タクシーに乗る。海沿いの眺めのきれいなスポットに停めて、三十分ほど歩いたあとクルマに戻ってくると、おもむろにスピーカーから流れてくるのはマリリン・モンローの「ハッピー・バースデイ」。ケネディ大統領の誕生日を祝うイベントで彼女が歌った有名なライヴだ。

モンローはワンコーラス歌ったあと、「みんな一緒に」と会場を盛り上げてからもう一度歌い出すのだけれど、このあとがキメどころ。最後の「ハッピー・バースデイ・トゥ・ユー」のくだりに来たときに、男と運転手で、座席の彼女を指さしながら一緒に歌うのだそうだ。案の定、女の子は必ずみんなほろりとくるらしい。素敵な演出である。ちなみにこのジャズ・タクシー、クリスマス・イヴは毎年予約でいっぱいとのこと。

音楽はこんなふうに生活を色どるために使えるわけで、モーツァルトもこんな具合に聴いてもらったら、実はうれしいと思うのだ。クラシック音楽をすごく真面目に聴いている人は、こういう演出や暮らしのなかにある音楽を考えるのもいいかもしれない。

女の子と二人だけの場面、たとえば夜景のきれいな丘のうえの公園とか静かな川原や海のそばで聴くBGMにクラシックはぴたりとはまるはず。それもピアノよりも弦楽器ものが似合うのではないだろうか。ドライブの途中で海のそばでクルマを停めてクラシックを聴く。ヴァイオリン・ソナタなんかを一曲かける。旋律が途切れない弦楽器の美しい響きと、目の前の水の流れをうまく重ねて使えるようになるとかなり高級なテクニックだ。

クラシックの場合、ただ音楽だけを聴かせるよりは、その前に簡単な蘊蓄《うんちく》がひとつあって、それから音楽をかけるほうが効果的かもしれない。

こんなのはどうだろう。モーツァルトの弦楽アンサンブルものを三曲ほど選んでおく。たとえば一番若いころと中期、最晩年の作品というふうに。それぞれを行きとお昼と帰りのクルマのなかでかける。お昼は店に頼んでかけてもらってもいいだろう。そしてちょっとした蘊蓄。「これはモーツァルトが十七歳のときにミラノで書いた曲で、若くて元気がいいけれど、まだこれからというところもあるよね」とか。帰りは最晩年の弦楽五重奏曲で家まで送っていく。

フランスではモーツァルトのピアノ協奏曲の第二〇番をカップルで聴くと愛が

結ばれるという説もあるそうだから、全部ピアノ協奏曲にして、若いころの第九番「ジュノーム」と二〇番、二七番でもいいかもしれない。デートの帰り道、家に送ってもらう途中に二七番の第二楽章が流れたら、女の子もすごく幸せな気分になると思うなあ。そこでさりげなくCDを、それもわざと聴き古した盤をプレゼントしたりして。

弦楽アンサンブルやピアノ協奏曲など、ある程度の作品数があるジャンルがおもしろいと思う。そこからモーツァルトの成長と一日の時間の経過を重ねあわせるBGMを選んではどうだろう。女性たちの多くは、なにかを男性から教わるのが好きなもの。みんな、あきらめずにチャレンジしてみよう。

クラシックはカッコイイ！

音楽は、「あ、それ何だろう？」と思わせるちょっとしたヒントを与えてあげると、みんな食いついて聴いてくれるものだ。だからそういう蘊蓄を小ネタとして隠し持っているのはよいことで、けっしてあざとい演出ではないと思う。ぼくもさすがにマリリン・モンローの「ハッピー・バースデイ」はできないけれど、日本の男もいろいろ手を考えなければいけない。映画でも文学でも、文化って無駄な知識を楽しく話せるということ自体が大切なのだ。

もちろんそのためにはモーツァルトをある程度聴かなければならないし、モーツァルトの伝記の数冊ぐらいは読まなければならない。それを即席のお勉強だと思わずにゆっくり楽しんでいってほしい。一度よい音楽だとわかれば、モーツァルトを一生楽しめるのだ。ゆっくり好きになる過程を楽しめばいいだろう。

最近の男性と女性を比べると、文化格差がついたように感じるのだ。仕事のことしか関心のない男が多くて、なんとか職場で生き延びることにしか興味がない。男の人には本当にいまは教育が必要になってしまった。

「こういう大人がカッコいい」という憧れがなくなってしまったのだろう。身も蓋もない株の買い占めなどの話題ばかりになって、日本の男がどんどん薄っぺらになっていくのはつらい。映画館、美術館、演劇にコンサート、どこでも女性客が七～八割なのだ。男たちは見る影もない。

自分で楽しんだことがいっぱいある人は魅力的に見えるものだ。その人が楽しんでいる姿というのがそれ自体で魅力的でもある。暮らしを楽しむ方法が増えるというのは、その人の厚みを増やすということだ。たくさんおもしろいことを知っていて、誰かに見せるためのポーズとしてではなく、自分でそれを楽しんでいる。そういう人が魅力的なんだよ、ということを女性の側から教えてあげてほしい。素質のある男の子だったら見違えるようにクラシックを好きになるかもしれない。

『エンジェル』という小説の最初の一章を書いているときはずっと、マレイ・ペライアの弾くモーツァルトのピアノ協奏曲をかけていた。小説冒頭のシーンは幽霊が空を飛んでいる場面なのだが、その透明感が出て、しかもリズムのいい音楽は何だろうと考えて浮かんだのがモーツァルトだったのだ。透明でさらさら流れる快適さ。一カ月ぐらいひたすら聴きながら、小説を書いていた。

ぼくは小説を書くときにはだいたい、作品のトーンにあった音楽を聴き続ける。自分ではっきり意識するような影響はないけれど、音楽は文章の質感などに知らずしらず影響してくるものだ。リズムやトーンが必ず文章のなかに入ってくるのだ。文章を書くのが苦手だという人は、自分の好きな音楽を少し大きめのボリュームでリピートしながら書いてみてはどうだろうか。文章の切れとリズムがきっとすごくよくなるはずだ。それだけでも大進歩。「何を書くか」より、文章のリズムがきちんと摑めるようになるというのが読ませる文章を書くコツなのだ。

実はぼくのデビュー作『池袋ウエストゲートパーク』は、グールドが弾くバッハのジェットコースターのようなリズムの切り替えを、小説で写してみたらどうなるだろうと、楽しみながら書いてみた作品だった。

あのシリーズでは百枚の中篇ひとつに必ず一曲クラシック音楽を登場させることにしている。ストリートの少年たちの作品でロックやヒップホップでは当たり前すぎてつまらない。そこにクラシック音楽のテイストを入れるとミスマッチでおもしろいと考えたのだ。ストーリーにあわせて曲を探すのが密かに楽しみにもなっている。

作品に出てくるからといってクラシック音楽を聴いてくれる読者は実際には少ないかもしれないが、たとえば現代音楽のスティーヴ・ライヒだって（『少年計数機』）、あの独特な「眩惑感」はテクノを聴いた若い人なら意外とはまる音楽だと思うのだ。

もっと気軽にクラシックを聴いてほしいのだ。どこか一楽章だけとかメロディの一部分だけでも気にいった音楽を探して聴いてみてほしい。クラシックといったって所詮《しょせん》は作曲家が聴く人を楽しませるためにつくった音楽なのである。「勉強」ばかりする必要はない。

小説もそうだが、波乱万丈のストーリーといい文章の流れに乗ってさらさら読んで「ああ、おもしろかった」でいいのだ。そのなかで自然にメッセージや感動が伝わってこないような作品は、小説でも音楽でもそのときの気分にあわなかっただけなのだ。もっとカジュアルに楽しんで、何かをきっかけに一曲でも気にいった曲が見つかればもう大丈夫。その作曲家への音楽の耳が開いたのだ。他の作品も、楽しく聴くことができる。音楽の扉を開けさえすれば、あとは目くるめく楽しい世界があなたを待っていますよ。

モーツァルトが生まれて、今年で二百六十年。ずっと世界中の老若男女を豊かにしてくれた傑作の数々が待っていてくれる。それは人の耳が得られる最尚のよろこびなのだ。

第2部

石田衣良セレクション
モーツァルトはこれを聴こう！

ピアノ協奏曲第二〇番　ニ短調　K四六六

十代のモニカ・ベルッチが、すごくセクシーで清楚なドレスで階段を降りてくるような、第二楽章。

　ぼくがモーツァルトを聴き始めたきっかけのうちの一曲。あまりにも有名な作品だけれど、やっぱりいいものはいい。ぼくが一番好きな演奏はアルトゥーロ・ベネデッティ・ミケランジェリの独奏による録音。第二楽章ロマンスの冒頭など、「あのシンプルなメロディをこんなふうに弾けるんだ！」と驚かされる名演。すごい美人、たとえば十代のモニカ・ベルッチが清楚でセクシーなソワレで階段を降りてくるシーンを想像してしまう。「うわーっ、世の中にはきれいな人がいるんだ」と、見た瞬間にため息が出て、ちょっと涙ぐんでしまいそうになる第二楽章だ。もちろん前後の楽章もいいのだけれど、この第二楽章のせいで、他の演奏者はなかなかミケランジェリに追いつけないという印象が、ぼくにはある。

こういう技を持っているというのはかっこいいなあ。小説もこうなるといいのだけれど。最初の二ページで、読んだ女の子がみんな泣いてしまうような恋愛小説。七十歳ぐらいでそういう小説を書けるようになりたいものだ。

モーツァルトのピアノ協奏曲は他ももちろんいい。ロマン派以降のピアノ協奏曲はピアニストの名人性・名技性が前面に出てきて、ぼくにはそれが少々ウザいのだ。空中三回転なんて見たくない。指が速くまわるだけだったらコンピュータにでも弾かせておけばいいと思う。超絶技巧にふさわしい超絶的な精神性なんてほとんどの人間にはないのだから。

その点、モーツァルトのピアノ協奏曲は技巧性と音楽性のバランスが素晴らしい。

しかもピアノ協奏曲というジャンルはモーツァルトの音楽全体のなかでも華の

部分なのだ。それはモーツァルトが自分で弾いていたせいもあるだろう。ピアノの技術を見せながら自分の音楽性も示さなければならない。そのバランスをモーツァルトは熟知していたのである。だからもし二〇番を聴いて気にいったら、少しずつでいいからぜひピアノ協奏曲を全部聴いてみてほしい。絶対におもしろいから。

〔石田衣良 愛聴 CD〕

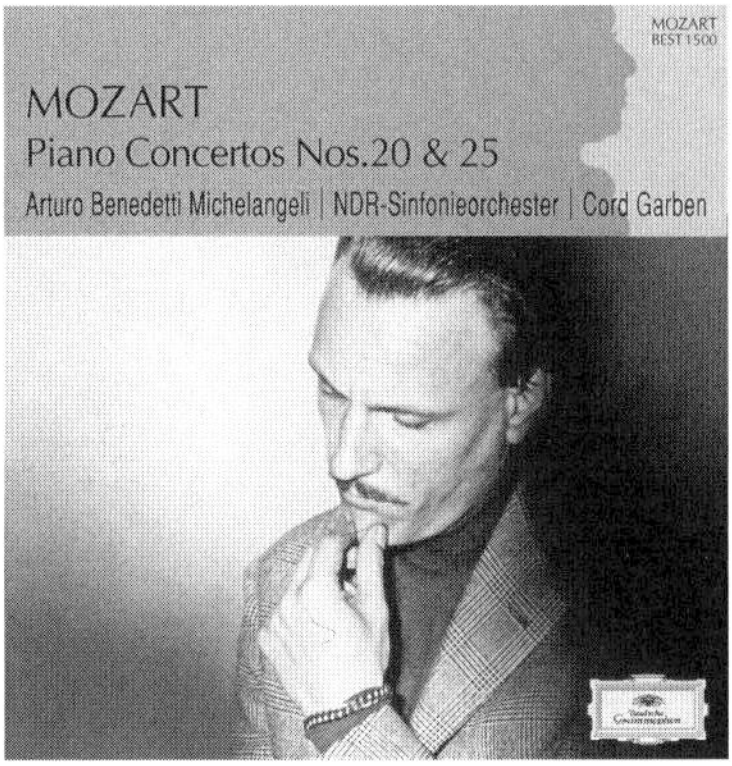

品番：UCCG-6014（現在は入手困難）
ピアノ協奏曲第 20 番 & 第 25 番
ミケランジェリ、ガーベン指揮、北ドイツ放送交響楽団

ピアノ協奏曲第 20 番　ニ短調　K466

1785 年 2 月初演のモーツァルトが初めて手掛けた短調の協奏曲。当時ウィーンでフリーの音楽家として暮らし始めたモーツァルトは貴族や社交界を対象にしたコンサートのために次々と新作を書いて発表していたが、この曲が完成したのは初演の前日だったという。協奏曲では一人のソリストがオーケストラを伴奏に従えて演奏する。ピアノの名手でもあったモーツァルトが存分に本領を発揮したこの作品は激しいパッションを感じさせる。

ディヴェルティメント　ヘ長調Ｋ一三八

過ぎた二百六十年を顧みてしまう逸品。
音楽家は遠い存在ではなく、同じ人間なのだ。

　これもぼくのモーツァルト入門曲。「ディヴェルティメント」はＫ一三六が有名だ。ぼくが最初に聴いたハーゲン四重奏団のＣＤには、これまた超有名な「アイネ・クライネ・ナハトムジーク」とともにＫ一三六も収録されていた。どうしたわけかＫ一三八のほうが気にいってしまったのである。
　これはまさしく機会音楽で、ちょっとしたパーティでこんな快活な曲が流れてくる夕方を想像してもらいたい。ぼくたちはこれまで何をしてきたんだろうと、過ぎた二百六十年をついつい顧みてしまう。ホテルのパーティで流れる音楽のレベルを考えると、ぼくたちは明らかに退化しているかもしれない。

若々しいモーツァルトがいい。晩年の、音楽の内容がぐっと深い作品にどうしても興味が偏りがちなのだけれど、十代のモーツァルトのこの屈託のなさ、明るさも捨てがたいものだ。夏の抜けるような青空を見あげているようなのだ。こんなに素直でしかも才能があるというのは素晴らしいことではないか。こういう天才がぼくたちと同じように恋をし、金のことで悩んでいるのがまたうれしいことだ。音楽家は遠い存在ではなく同じ人間だ。妙に聖人にまつり上げてしまうのはやめたほうがいい。

〔 石田衣良 愛聴 CD 〕

品番：UCCG-6025
クラリネット五重奏曲、ディヴェルティメント第１番ー第３番
ブルンナー、ハーゲン弦楽四重奏団

ディヴェルティメント　ヘ長調　K138

ディヴェルティメントはイタリア語で「楽しい」「面白い」を意味する言葉を語源に持つ明るく軽妙な曲風の器楽組曲。モーツァルトがこの曲を作曲したのは16歳の時、ザルツブルク宮廷に雇われていた頃と重なる。詳細はわかっていないが、宮廷に集まった貴族たちがこの曲の演奏を楽しむ場面が目に浮かぶようだ。このK138は、K136、K137のディヴェルティメントとセットで作曲された弦楽四重奏のためのもので３つの楽章からできている。

クラリネット協奏曲　イ長調　K六二二

晩年の、澄み切って透明になる美しさ、未来を先取りする芸術の怖さを感じる一曲。

この曲を最初に聴いたのはジャック・ランスロがソロを吹いているパイヤール室内管弦楽団の録音だった。楽譜や楽器の時代考証を突き詰めた古楽器派の人たちが出てくる前の、のどかなモーツァルトもぼくは好きだ。おっとりしていていいなあ。今はモダン楽器の人たちの演奏でも、わりとぱきぱきと、すっきりしたモーツァルトが流行りだけれど、そうじゃないものも楽しめるというのが、プロじゃないぼくたちの良さだろう。「これじゃダメだ」なんてことは学者が言っていればいいことなのだ。

これはクラリネットが絶妙に活躍する協奏曲。オーボエ協奏曲にも言えることだけれども、モーツァルトは、それぞれ楽器の「華」をぱっと直感的に摑める人だったのではないだろうか。自分も舞台に上がる人だから、天才的な演出家でもあったのだと思う。楽器の一番良いところをすっと引き出せるところがすごい。こういう才能というのは現代の作曲家にやや足りないところなのかもしれない。どうしても頭で音楽を作っているから。こういう感覚は自分が板（ステージ）に乗らないとわからないことなのだろう。

死の間際に書かれた作品だからという理由で買ってきたのだと思うが、ピアノ協奏曲の第二七番にしても、この晩年の美しさは何なのだろう。生命の火の最後が近づくにつれてどんどん澄み切って透明になっていく。余計なものがそぎ落とされていく。実際に作品を書いているときには死期を悟っていることはないだろうから、この透明感は自然に出てきたものだ。そんなところに、自分の頭よりも音楽をする心のほうがずっと未来を先取りしている芸術の恐さを感じる。未来も作品のとおりになってしまうのだ。そう思うと、小説でも滅多なことは書けないなあ。

〔石田衣良 愛聴CD〕

品番：WPCS-21050
フルート＆ハープ協奏曲＆クラリネット協奏曲
ランスロ、パイヤール指揮、パイヤール室内管弦楽団

品番：UCCG-70081（現在は入手困難）
クラリネット協奏曲
コリンズ、プレトニョフ指揮、ロシア・ナショナル管弦楽団

クラリネット協奏曲　イ長調　K622

1791年に作曲されたクラリネットと管弦楽のための協奏曲。誰もがどこかで一度ならず耳にしたことがあるに違いないこの曲は、モーツァルトの最後の年に描かれた作品のひとつであるとともに、クラリネットのために書いた唯一の協奏曲でもある。当時はまだ新しい楽器であったクラリネットの音域に応じて変わる音色やその表現力をこよなく愛したモーツァルトは、その魅力をたっぷりと引き出すことに成功している。

交響曲第四〇番　ト短調　K五五〇

疾走するかなしさ。
王道だけれどもやっぱり日本人にはこの曲。

交響曲のなかでは、王道だけれどもやっぱり日本人には四〇番が受けると思う。「ジュピター」も立派で良い曲だが、ぱっと入り込めるのは絶対こっちだろう。
最近は、クリストファー・ホグウッド指揮の古楽器の演奏によるCDをよく聴いているが、カール・ベームやジェームズ・レヴァインと聴き比べたりしてみるのも非常に楽しい。好きな曲、気にいった曲というのをいろんなヴァージョンで聴くことができる楽しさがクラシックの場合は大事なのだ。すごくぜいたくな遊びだと思うけれど、そういうこともぜひ試してほしい。

評論家・小林秀雄の名著『モオツァルト』でも有名な音楽だ。疾走するかなしさ。こんな音楽を聴きながら小林秀雄を読んだりするという高校・大学時代を経験すると、人間としてセンスのいい青年になるのではないだろうか。

〔石田衣良 愛聴 CD〕

品番：UCCD-50086（現在は入手困難）
交響曲第 40 番 & 第 41 番 <ジュピター>
ホグウッド指揮、エンシェント室内管弦楽団

交響曲第 40 番　ト短調　K550

モーツァルトの全楽曲の中で、最も有名なものの一つ。「ため息のモチーフ」と呼ばれる第 1 主題の音が全曲を通じて繰り返し姿を表して曲の全体像に翳りを与えている。この曲をシューベルトが愛していたというエピソードがあるように、多くの音楽家や芸術家に時代を超えて愛された作品。日本でも小林秀雄が代表作の一つ『モオツァルト』の中で「頭の中に響き渡った曲」としてこの曲の第４楽章の楽譜を引用して紹介している。

交響曲第二五番　ト短調Ｋ一八三

青春の哀しみの音楽。ろ過された、程良い甘さが残る。

映画『アマデウス』を観た人だったらみんな覚えているだろうと思う。四〇番と同じト短調だけど、こっちのほうがずっと青春っぽい。四〇番のほうが「終わった哀しみ」だとすれば、二五番は「これからなにかしなければ」という不安感みたいなものを感じる青春の哀しみの音楽だ。

同じ哀しみでも、たとえばチャイコフスキーの音楽に比べたらモーツァルトのほうがずっと上質だ。モーツァルトが、何度もろ過してきれいに残った精製物だけで作っているのに対して、チャイコフスキーのほうはもっとナマの素材の感じ。木屑《きくず》なんかが入っていてなんだか、こってりしてくどいのである。ぼくは東京っ子なので、くどいのはやっぱりセンスが悪いと思うのだ。モーツァルトの音楽には程良い甘さと哀しさがあって、だから年をとるともっと好きになるんじゃないかな。若いうちはチャイコフスキーやラフマニノフやショパンが好きだった人が、年をとってモーツァルトやバッハ、ベートーヴェンに戻っていく。作曲家とともに成熟できるのが、クラシックのいいところです。

こんな曲を書いたのが十七歳のころなのだからびっくりする。高校の卒業制作でこの交響曲を作曲したといって音楽大学に入って来られたら、教えるほうは困るだろうな。

〔石田衣良 愛聴 CD〕

品番：UCCD-7217
交響曲第 25 番 / 第 29 番 / 第 35 番「ハフナー」
ケルテス指揮、ウィーン・フィルハーモニー管弦楽団

交響曲第 25 番　ト短調　K183

1984 年公開のアメリカ映画『アマデウス』の冒頭シーンで鳴り響く音楽としてあまりにも有名な一曲。1773 年の完成なので、モーツァルト 17 歳の時の作品ということになる。モーツァルトは生涯で 41 曲の交響曲を書いているが、短調の作品はこの曲と第 40 番のみで、両方ともト短調で書かれている。明るくて軽快な音楽が多いモーツァルトの中では異色とも言える短調の作品には危うい魅力がひそんでいて、聴く人の心をとらえて離さない。

弦楽五重奏曲第三番　ハ長調　K五一五

テーマが受け渡されていく優雅さにビビビ。
明るくて幸せな、モーツァルトらしい作品。

　ぼくに長男が生まれたとき、病院から初めて自宅にやってくる彼をこの曲をかけて迎えた。明るくて幸せなモーツァルトを強く感じる作品だ。よくできてるんだよなあ、この曲。次から次へテーマが受け渡されていく身振りの優雅さなんかに、思わずビビビと来てしまう。
　ぼくがよく聴くのはヴァイオリンのアルテュール・グリュミオーたちが演奏している七〇年代の録音。最近のヴァイオリニストたちの音はだんだんきつくて痩《や》せた音が主流になってきているように感じる。ちょっと真面目で堅苦しい感じ。

グリュミオーみたいな、ふくらみのある優しい感じのヴァイオリンがぼくは好きだ。

〔 石田衣良 愛聴 CD 〕

品番：UCCD-9835
弦楽五重奏曲 第3番・第4番 Limited Edition
グリュミオー、ゲレツ（vn）ヤンツェル、ルスュール（va)、ツァコ（vc）

弦楽五重奏曲第3番　ハ長調　K515

全盛期とも言うべきモーツァルト31歳の時の作品。弦楽五重奏というのは、室内楽の基本形である弦楽四重奏（ヴァイオリン2、ヴィオラ、チェロ）にさらにもう一つ楽器を増やしたもの。モーツァルトはヴィオラを一つ増やしている。第1楽章ではチェロとヴァイオリンの掛け合いがまるで会話のようにつながって流れていく。ソナタ形式の第2楽章ではヴァイオリンとヴィオラの二重協奏曲的な対話が印象的で美しい。

ピアノ・ソナタ集

短篇集のような味わい。ぜひ、全曲を聴いてください。

モーツァルトのピアノ・ソナタはベートーヴェンの後期の三大ソナタみたいな大きな峰はなくて、どれも均質に素晴らしいし、小説でいえば短篇集のような味わいだと思うのでぜひ全部聴いてください。どうしてもどれか一曲というのなら一〇番か一一番だが……。最近はピアノ・ソナタ全曲ボックスで千五百円なんていうびっくりするような安いCDも出ているし、ぜひ。

モーツァルトの正統派をということであればフリードリヒ・グルダやアルフレード・ブレンデルの演奏をおすすめします。ぼくの趣味はやっぱりグレン・グールド。異端なのはわかるけれど、グールドのモーツァルトはかなりおもしろい。一度聴くと耳に癖がついてしまうような演奏で中毒性がある。グールドという人は全部自分の音楽に変換してしまうタイプのピアニストなので、そこがおもしろいのです。グールドの個性がOKな人はぜひ。モーツァルトはきっとグールドのようなピアニストが好きだったと思う。楽譜どおりにきれいに弾くのではなく、お客がぐっと体を乗り出してくるような演奏。きっと「今度ぼくのところで一緒にやらない？」なんて声をかけていたのではないかな。

〔 石田衣良 愛聴 CD 〕

品番：SICC-451 ～ 454
モーツァルト・プレミアム・コレクション
Vol.3 ／モーツァルト：ピアノ・ソナタ全集
グレン・グールド

ピアノ・ソナタ集

自らもピアノの名手であったモーツァルトのピアノ・ソナタ作曲は 1775 年、19 歳の時にデュルニッツ男爵のために書かれた 6 曲から始まり、1789 年発表のピアノ・ソナタ第 18 番が最後となった。知らない人はいないのでは？ と思えるほど有名なのは第 11 番のソナタ　イ長調　K331 の終楽章「トルコ行進曲」。ピアノ発表会曲や学校の音楽鑑賞曲の定番でもあるし、モーツァルトの名前をこの曲とともに記憶している人はきっと多いはず。

弦楽四重奏曲第一九番　ハ長調「不協和音」K四六五

職人モーツァルトではない、ちょっと芸術しちゃった作品。

通称「ハイドン・セット」と呼ばれる曲集の一曲。ぼくはハイドンも大好きなのでこのタイトルだけでもちょっと「いいな」と思ってしまう。後年の弦楽四重奏がだんだん複雑化していくのに比べて、この辺が一番楽しくて聴きやすいのではないだろうか。モーツァルトの快活さがよく出ている作品だ。

序奏の冒頭の「不協和音」は当時評判が悪かったようだし、明らかに世間のニーズにあわせた請負型の職人モーツァルトではない作品になっている。当時、弦楽四重奏は家庭での演奏用の需要もあって楽譜も結構人気だったわけで、いわば売れ筋のジャンル。その売れ筋の作品にもかかわらず「ちょっと芸術しちゃおう」と考える時期になっていたのだと思う。そう考えると、ある意味転機の作品だろう。

ぼくが最初に聴いたのはジュリアード・カルテットの演奏だった。機能主義的というかぱきぱきと明晰なモーツァルト。そのラインをもう一段ダイナミックに強くしたハーゲン四重奏団の演奏も好きだ。モーツァルトの音楽の特質を考えると若いカルテットの演奏のほうがふさわしいかもしれない。

〔 石田衣良 愛聴 CD 〕

品番：SICC-825 ～ 827
弦楽四重奏曲第 14 番～第 19 番「ハイドン・セット」
ジュリアード弦楽四重奏団

品番：UCCG-70093（現在は入手困難）
弦楽四重奏曲第 17 番「狩」&第 19 番「不協和音」
ハーゲン弦楽四重奏団

弦楽四重奏曲第 19 番　ハ長調「不協和音」K465

1785 年、モーツァルト 29 歳の時の作品。「ハイドン・セット」と呼ばれる全 6 曲の連作弦楽四重奏曲のラストを飾る作品。作曲家ハイドンとモーツァルトの交流が生み出した傑作である。第 1 楽章の冒頭の序奏 22 小節に不安定な響きを持つ和音が続くのが「不協和音」と呼ばれる理由。当時はこの大胆なコード進行を譜面の書き間違いだと思った人もいたという。序奏以外はいかにもモーツァルトらしい明るく軽やかなメロディが展開されていく。

ヴァイオリン・ソナタ集

家のなかで聴くのにふさわしい、「家具としての音楽」。

ヴァイオリン・ソナタもどれか一曲ということではなくて、「モーツァルトのヴァイオリン・ソナタ」というひとつのジャンルとしておすすめしたい。家のなかで聴く「家具としての音楽」としてふさわしいと思う。そんなにダイナミクスが広いわけでもないから、わりに低めの音量で流しておいて、家のなかの空気がすごくきれいにまとまる音楽だ。こういうのをうまく使いこなしてほしいものです。とくに初めて恋人を部屋に呼ぶときなんかにね。初期作品から晩年の作品までの作風の変遷がそのままヴァイオリン・ソナタの歴史を示しているみたいなところもある。

　ぼくが好きなのはヒロ・クロサキの録音。古楽器のフォルテピアノの伴奏もふくよかな音で、こういう音ならぼくも大好きだ。こうしたものから入っていけば古楽器アレルギーになることもないと思う。古楽オーケストラの強烈なのが苦手な人には、こういうやわらかな音の演奏はいかがだろう。

〔 石田衣良 愛聴 CD 〕

品番：WPCS-16210
VN ソナタ集
ヒロ・クロサキ (vn)、ニコルソン (p)

品番：UCCG-4854
ヴァイオリン・ソナタ集
デュメイ (vn)、ピリス (p)

ヴァイオリン・ソナタ集

モーツァルトのヴァイオリン・ソナタは正しくは「ピアノとヴァイオリンのためのソナタ」であり、さらに言うならソナタの主役は常にピアノであって、ヴァイオリンは伴奏という役割を振られている。最初のヴァイオリン・ソナタ第１番ハ長調を作曲したのはわずか６～８歳の時。明るい曲想が多いモーツァルトの作品の中で、母アンナがパリで客死した時期に作ったヴァイオリン・ソナタ第 28 番は数少ない短調で非常に印象的である。

歌劇「魔笛」K六二〇

何かを探し何かに出会い、嘘が本当で本当が嘘。でもみんなが幸せになれるメルヘン。

モーツァルトのオペラのなかでぼくが一番好きな作品が「魔笛」。可愛くて誰でもなじめて単純なんだけれども、音楽の力によってとてつもない広がりを感じさせてくれるオペラだ。ストーリーがちょっと滅茶苦茶だから、モーツァルトも会員だったという秘密結社フリーメーソンを持ち出して謎解きしようとする人がいるが、ぼくはあんなのは嘘だと思う。音楽に出ている表面だけを見ればいいのだし、その表面が素晴らしいのだ。人間もそうなのかもしれない。外側に出ているものだけがすべてで、本当は内面なんか考えなくていいのかも……。

モーツァルトのオペラは単純な「惚《ほ》れた、くっついた」物語が多いけれども、それをものすごく上手く書けるというのが天才の証拠だろう。しかもあまり暗くならないのがいい。これがイタリア・オペラだとすぐ死ぬの殺すのと大袈裟《おおげさ》な話になる。ドイツのオペラは、なんとなくメルヘンが匂うのが素敵。西洋人が恋愛に対して抱《いだ》いている純粋なあこがれも濃厚だ。そのなかでも一番うまくできているのがこの「魔笛」（とウェーバーの「魔弾の射手」）ではないだろうか。

人生の時間、子どもからだんだん大きくなっていっていつか年をとって死んでいく人生の全体が、この「魔笛」の時間みたいに流れているならすごく気持ちいいだろうなあ。夢のなかのような世界で、何かを探し何かに出会い、嘘が本当で本当が嘘だったりする。けれども、最後はみんな幸せになっていくという美しいメルヘンなのだ。

可愛いオペラだし、子どもたちが最初に観るオペラにもぴったりだと思う。ドイツ人のミヒャエル・ゾーヴァが書いた「魔笛」の絵本をぼくは気にいっていて、夜の風景なんかものすごく美しいです。これもおすすめ。ロマンティックで透明なあこがれを感じる世界だ。

ぼくが好きな演奏はウィリアム・クリスティとレザール・フロリサンの録音。クリスティは何をやっても優しく上品な音楽になるのだけれど、それが「魔笛」の場合はすごくきれいに噛み合っているような気がする。録音もさわやかで秀逸。

〔石田衣良 愛聴CD〕

品番：廃盤
魔笛（全曲）
クリスティ指揮、レザール・フロリサン、プロホビッツ（T）マニヨン（S)、デッセー（S）ほか

歌劇「魔笛」K620

モーツァルトが35年という短い生涯の最後に完成させたオペラ。友人でもあった旅一座を率いるシカネーダーの依頼によって作った作品で、ストーリーは王子によるお姫さまの救出劇であったはずが、途中で善玉と悪玉が入れ替わり最後はみんながハッピーエンドという愉快なものであった。文豪ゲーテもこの作品を非常に愛していたという。有名な「夜の女王の2つのアリア」は技巧が必要な難曲で、才能あるソプラノが注目を集めるために歌うことも多い。

第3部

小説家と音楽家が語り合う
大人のためのクラシック論

対談をはじめるに当たって

とある晴れた日の午後、都心のビルの高層階にあるレストランに集まったお二人、小説家・石田衣良氏と作曲家・加羽沢美濃さん。NHK、Eテレの番組「ららら♪クラシック」で司会者としてコンビを組まれて5年目のお二人に、モーツァルトを中心にクラシックの魅力や楽しさをおおいに語り合っていただきました。

それぞれが語るクラシック音楽との出会いやモーツァルトへの想いに笑ったり驚いたり、感心したり。音楽へのアプローチや感じ方の幅広さ、奥深さが垣間見える会話が軽快に繰り広げられていきます。

デートの時に役立ちそうなヒントやつい誰かに話してみたくなるうんちく、音楽家ならではの曲の分析や小説家が言葉で表現するモーツァルトの楽曲……話題はどんどん広がりました。

（編集部）

●対談者プロフィール

加羽沢美濃（かばさわ・みの）

東京藝術大学大学院在学中に、CDデビュー。これまでに20枚を超えるCD、楽譜が発売されている。佼成ウィンドオーケストラからの委嘱作品『宙と大地と精霊たちの雅歌』やチェリストの向山佳絵子から委嘱された12人のチェリストのための『名もなき風』など、室内楽、合唱曲、吹奏楽などの幅広いジャンルで多くの委嘱作品を書いている。また、作品は多岐にわたり、テレビドラマや映画音楽、舞台音楽など話題作も数多く担当している。同時に、ピアニストとしても髙嶋ちさ子とのユニット『Chisa&Mino』やレクチャーコンサートなど、全国で演奏活動を行っている。さらに、「題名のない音楽会」「名曲リサイタル」の司会をはじめ、「紅白歌合戦」「トップランナー」「スタジオパークからこんにちは」など多数のテレビ、ラジオ番組にも出演。現在、NHK、Eテレ「ららら♪クラシック」で作家の石田衣良とともに総合司会を務めている。

生演奏が魅力の「ららら♪クラシック」

――お二人が進行役を務めていらっしゃるNHKの音楽番組「ららら♪クラシック」は、もう五年目に入ったそうですね。

石田　二〇一二年の四月から始まったから、丸四年がたって、五年目に入りましたね。美濃さん、最初に会った時のことって覚えてる？

加羽沢　実はよく覚えてないんです。渋谷のイタリアンでしたっけ？

石田　そう。作曲家だとお聞きしていたから、とがったイメージの人かなと思っていたら全然そうじゃなくて天然の人だな、とそういう印象を持ちました。ワインを結構がばがばと飲んでたよね。

加羽沢　たぶん、それ、緊張してたせいです（笑）。

石田　でも、この番組、ある意味大胆な企画だよね。司会者としては素人の二人にまかせるって、他のＮＨＫの番組にはない試み。たいていは、プロのアナウンサーが一人はいるんだけどね。まあ、美濃さんは『名曲リサイタル』という番組で進行役をやっていたからその経験が買われたのかな。

加羽沢　始まった当初は一時間の番組だったから、結構長かったですよね（注・現在は三〇分の番組）。ゲストの方も海外の大物指揮者だったりで、飛び交う言葉も様々。通訳の方を交えてお話を伺うことも多かったんですよね。

石田　そうそう、いろんな方がゲストに来てくださってお話を伺って。僕にとっては全然知らない世界で、すごく楽しい経験をさせてもらってます。

加羽沢　番組で取り上げて解説した曲の生演奏があるというのがこの番組の素敵なところです。解説の後にすぐに生演奏を聴くことによって、それまでの作品のイメージや印象がガラッと変わる体験が味わえるんです。

石田　最初の頃は、いろんな専門家や研究者、マエストロがゲストで、ピアノを弾いていただいて解説もしてくださるのを僕たちは二人で生徒みたいに立って聴くというスタイルだったんだよね。

加羽沢　立場によって、音楽の感じ方、ポイントも様々。貴重な体験をたくさんさせていただきましたよね。

石田　一つ衝撃的だったのは、一時間から三〇分になったら収録時間も半分になるのかな？　なんて思っていたのに、これがそうじゃなくて。相変わらず一本の収録に三、四時間かかっている。これって結構長くない？

加羽沢　どんな特殊メイクしてるんだ？？　って感じですよね（笑）。

石田　ＣＧもないのにね（笑）。でも毎回、スタジオ内は楽しいよね。ゲストも最近では普段はクラシックにあまり興味がないという芸能人の方たちも気軽に来てくださるし。そう言えばこの番組ってどういう人たちに観てもらいたいという狙いなんだっけ？

加羽沢　子育てが一段落したママさんや、忙しい日々にようやく一息つけたので新しく何かを学びたいという方たちが、「なんとなく聞いたことがある」「曲や作曲家の名前は知っている」という程度のクラシックの曲を、解説を通じてもう少し近い距離に引き寄せてもらえたらいいな、という想いがあります。

石田　美濃さんは構成や解説の内容にも参加しているものね。僕は、毎回フワーッと出かけていって、「今日も面白かったな」って帰ってくる。ただ毎回思うのは、作曲家について、あるいは曲について、背景や解説なんかを聞いて理解が深まった後に聴く生演奏、「これってすごくいいな！」ということ。こういう体験を通じて、一曲でも好きなクラシックの曲が見つかればそこを扉にして世界が大きく広がると思う。

――「クラシックは素晴らしいものだ」ということは理解できても、そこから「好き」への転換がうまくできない人が多いと思うのですが

石田　美濃さんが最初に「好き」と思ったクラシックの作曲家って誰なの？

加羽沢　ラフマニノフです。四歳の時、初めてラフマニノフのピアノコンチェルトを聴いて、その瞬間に好きだって感じました。

石田　四歳!?　それはすごいね。

加羽沢　親が聴かせてくれたんです。それは、ピアノを一生懸命練習したらいつかこんなふうに弾けるようになるよということが伝えたかったんだと思うんですけど、私はメロディの素晴らしさに感動して「どんな人がこ

んなに美しい音楽を生み出したんだろう?」って思ったんです。
どんなものを食べて、どんなものを見たり聞いたりして、どんな生き方をすればいいの?って。
一日をどんなふうに過ごしていたのかな、なんてことも考えました。

石田　四歳の女の子にそこまで思わせるって……。

加羽沢　ラフマニノフの曲にはどの曲にもしびれるポイントがあるんです。キューンとなるんですよ。今聴いても、四歳の時に感じたのと同じ気持ちになれます。

石田　ラフマニノフの曲は番組でも何度か取り上げているよね。

加羽沢　はい。それで、視聴者が選ぶ年間ランキングでラフマニノフの『ヴォカリーズ』が一位になったことがあって、すごく嬉しかった。

石田　日本人の琴線に触れる何かがきっとあるんだね。

加羽沢　なんとなくショパンやモーツァルトが選ばれるかなって思っていたから、びっくりしました。

石田　今の美濃さんのお話ですごく大事なポイントだなと思うのは、ある曲を聴いてすごくいいなって思って好きになれれば、その作曲家の他の曲もすべて好きになれるってことだよね。クラシックに対してなんとなく抵抗のある人でも、誰のどんな曲でもいいから、とにかく一曲、「なんだか耳について離れないな」とか「ぐっとくる」って思えるポイントさえ見つけることができたらその作曲家の音楽は聴けるようになる。

加羽沢　ぐっとくる、キュンとなる。そういう音楽との出会いって誰にもきっとあると思う。

石田　そう、なにかきっかけがあると音楽に対して「耳が開く」んだよね。ピアノでも弦楽器でもクラリネットでも、入口は何でもいい。いったん入ってしまえば、そこから横に広がっていくから。例えばそれがモーツァルトなら、その先生のハイドンの音楽はどうかな？　なんてふうに広げていけるんだよね。そうしているうちにクラシックの森、アートの森のようなものに深く入っていけるようになる。

加羽沢　難しく考える必要はないですよね。ぐっとくるかどうか。

石田　そうそう。ぐっとくるワンフレーズ、それだけでいい。

――最初のその入口を見つけるための出会い方はどうしたらいいんでしょう？

石田　ラジオでもテレビでも、ふと耳に飛び込んできた、なんだか胸に響くなぁという音楽に出会ったらそこを足がかりにするといい。

加羽沢　映画でもテレビのコマーシャルでも、結構クラシックの曲が使われています。運動会などの学校行事の時などに誰もが耳にしているはずなんですよ。そういうどんな人でもこれまでにどこかで聴いたことのある曲が、少なくとも一〇〇曲はあるんですって。「ららら♪クラシック」を始める時にも、だから毎週の放送で一年間で五〇曲、二年目までは曲には困らないって言われていたんですが、気がつけば丸四年が過ぎて五年目。それでもまだまだ尽きない。それくらい、実はたくさんのクラシックの曲をみなさんも知っているはずなんです。

石田　音楽そのものとの出会いも大切だけど、それと同時に作曲家の人生みたいなのを少しでもわかっていると、より一層面白さが増すというのもあるよね。そういうエピソードをデートの時に話すと、相手は「おっ」と感心してくれる。

加羽沢　ちなみに私はデートの際に男の人から音楽の話をされたことはないんですが、衣良さんはどういうタイミングでそういう話をされるんですか？　乾杯の時ですか？　それとも二皿目が来た時に、とか決めているんですか？

石田　いや、それはない（笑）。そうじゃなくて、ふと知っている曲がかかった時に「この曲にはこういうエピソードがあるんだよ」って言ったりするかな。短くね。

加羽沢　そうすると、その瞬間女性の目がぱっとハートになったりするんですか？（笑）

石田　あはは。あのね、一般的に女の人はエピソードトークが大好きです。そのエピソードの内容が素敵で、さらに曲もすごくよかったら胸に響くと思いますよ。例えば「この演奏は、あのピアニストが白血病で亡くなる前の最後の演奏なんだよ」とかね。

加羽沢　そう言えば、先日のゲストの方が番組で紹介したエピソードをたまたまその曲が流れた時に奥様に話したら絶賛されたっておっしゃってました！　エピソードを仕入れたら、その曲がＢＧＭにかかっていそうなお店にデートに行くといいですね。

石田　うん。そういうのって大事だと思う。日本人の男性は照れてしまってそういうことあまりしないからね。女の人はね、なぜか知らないけどすごく頭の良い人でも、雑学に強い男の人には弱いという定説があるくらいだから。

加羽沢　それはそうかも！

石田　そういう意味でも（笑）、厚みを持っていろんなことを勉強しておくといいんじゃないかな。

聴き手を選ばないモーツァルトの音楽

――本書のテーマ、モーツァルトにはどんなエピソードがありますか？

石田　モーツァルトにはエピソードがたくさんあるよね。教会の中でしか演奏されない極秘の曲を一発で耳コピして楽譜に起こしたという話も有名だし、みんなもよく知っていると思うけど、遺体がどこに埋められたかわからないままというのも、なんだかいい話だよね。

これだけたくさんの素晴らしい曲を書いたのに、遺体が存在しない。本当に実在したのか？　なんていう謎がまた魅力的。

加羽沢　曲に関するエピソードだと、交響曲第四〇番。この曲は「タララン、タ

ララン、タラララン……」っていう「タラララン」だけでできていると言ってもいいくらい、タラランがたくさん出てくる曲なんです。数は忘れたけど相当な数のタラランの繰り返し。この吐息みたいなため息みたいなかけらを集めて、どうしてこんなに美しい曲ができたんだろうって考えると、モーツァルトってやっぱりすごいなって思います。小さいかけらを素材にして曲を作っているんだなって。

石田　本当にそうだよね。小説の場合だと、短編の中では同じ言葉を二度は使わないというルールというか気持ちになりがちなんだけど、音楽の場合は徹底的に使うんだよね。ベートーヴェンの「運命」も短い印象的なフレーズだけで、まるまる一曲ができている。

加羽沢　それくらい一つのフレーズに固執してこだわっているんだけど、でも、風のように駆け抜けていくからくどくはならないんです。そこがすごいですよね。

――　ため息のかけら、風のように駆け抜けるなど素敵な表現が出てきましたが、普段から音楽によって情景が思い浮かぶものなんですか？

石田　そうですね。音楽によってイメージが浮かぶというのは普段もよくあります。ピアノコンチェルト第二〇番で言うと、ミケランジェリの名演がすごい。ものすごく絶妙なうまいじらしをやるから、いよいよのところで「はっ」となるんだ。すごい美人がセクシーなドレスで階段を下りてくるシーンが思い浮かぶ。

加羽沢　そういう表現も女の人に話したりするんですか？

石田　いや、普段は言わないです。言っちゃうとたいてい滑る（笑）。

加羽沢　でもそんなふうに情景が広がるなら、文章を書きながら演奏を聴いていると影響を受けちゃいますよね。現実とは違う世界がパーっと広がるようなこともあるんじゃないですか。

石田　文章を書く時は、たいていなにかしら音楽をかけています。これ、と決めているわけじゃないけど、例えば「ここは流れるような文章が書きたい」という時にはモーツァルトを選んだりしますね。
実際にそれで書いた本もあります。文章には無意識のうちに音楽のテンポ感が入ってくるので、なにかうまい曲を選んでおくとその曲のトーンが文章に移ってくれますね。そういう曲がひとつあるといいよね。

加羽沢　モーツァルトは確かにそういう時にピッタリですね。

石田　そう。モーツァルトの曲はテンポが一定だしメロディは流れるように進んでいくしね。でも、それだけじゃないんだ。モーツァルトの音楽って五分間あれば五分間の内に、起こるべきことがちゃんと起こっているという感じがするんだよね。
小説や映画では、五分間なにも起こらないで淡々と時が過ぎるということがあるじゃないですか。モーツァルトの音楽にはそういうことが一切ない。五分間の中には五分間の物語がきちんと入っている。そういう不思議なテンポ感を持っていて、それが濃くなったり薄くなったりもあんまりしない。

加羽沢　場面転換が巧みなんですよね。普通の作曲家だったら、このメロディーはじっくり歌いあげたいなと思うところを、コロコロコロコロ変えていくような曲がほとんどなんです。気分転換が上手というのか、人間の心理をすごくよくわかっていたんだろうなって思います。今の時代のテンポ感とも合っているんじゃないでしょうか。

石田　そうかもしれません。だから、ものすごくいいメロディが出てきてもさっと終わってすぐ次に行ってしまう。贅沢と言えば贅沢な音楽だよね。

加羽沢　今の音楽になれた若者にもきっと好まれると思います。モーツァルトの曲は気まぐれでどんどん展開していくので、そこに面白みを感じられるのでは。

石田　自分自身が感傷的に溺れこんでいくということがあまりないんですよね。それが古典時代の作曲家のよさかもしれない。今は、自分で掘った穴に自分で飛び込んでいって、「なんて不幸なんだ」って嘆くというようなことがわりによくあるじゃないですか。ウェットでドロドロしたところに入っていく感じ。そういうのが日本では人気がある。モーツァルトの音楽にはそういう過剰に演出された喜びや悲しみみたいなものは一切感じられない。普通の人間のバランスで大丈夫、という音楽なんですよ。

加羽沢　普通の人間のバランス、まさにそうですね。

石田　今の音楽、いや音楽だけじゃなくて映画や小説も、何もかもが過剰で強調されていて、全部がＣＧみたいになってしまっているじゃないですか。そういう時代の解毒剤としてもモーツァルトの音楽はいいんじゃないかな。だってくどいでしょ、今の作品って。CGだったら何でも表現できるという映画は観ていてすごく疲れるでしょ。

加羽沢　過剰な表現が今は多いですよね。

石田　でもそれで不思議なのは、モーツァルトもいわゆる機会音楽をいっぱい書いているじゃないですか。依頼されて、金持ちの結婚式など、そのシチュエーションに合った音楽を書くという仕事。今だと、そういうことをやる時はみんな過剰にサービスするでしょう。盛り上げるところはどんどん盛り上げて、センチメンタルな場面をつくって泣かせる。モーツァルトはそうじゃないんだよね。いつもさらっと書いていただけ。それって、不思議だよね。

今の時代みたいにサービスをし切らないといけない時代とは違ったということなのかな。あんなにもさらっとできたのはどうしてなんだろうって、それはいつも不思議に思います。

加羽沢　確かにモーツァルトの曲はさらっとしてますね。だから、聴き手や状況を選ばない。軽いＢＧＭとしてかかっていてもいやじゃないし、なにか自分が悩んでいる時にはそっと寄り添ってくれる深いものになることもあるし、いろんな距離感を感じさせてくれる。どういう立場の人でも、どんな能力の人でも、とにかく聴き手を選ばない。万人に対して、それぞれにふさわしい距離感を保つことができる。楽しみ方が自由に個人に任せられているというのは、モーツァルトの音楽の大きな特徴だと思います。

――モーツァルトの曲は、誰もが近づきやすいということでしょうか。

石田　そう。だからクラシック入門にはピッタリだと思う。

加羽沢　私もそう思います。

石田　例えば、バッハだと音楽は素晴らしいんだけど宗教的過ぎる。ベートーヴェンはあの自意識の強さを暑苦しく感じてしまって苦手ということになったりもする。いわゆる普通に日常を暮らしている人には、モーツァルトはちょうどいいと思います。

加羽沢　さっき衣良さんがおっしゃっていたように、サービスし足りない感じがちょうどいいんですよね。いつの時代でも、ちょうどいい気持ちになれる。

石田　モーツァルトは、あらゆるジャンルで傑作を残しているから、それもクラシックへの入口としてオススメの点です。どのジャンルでもいい曲があるから、好きな楽器から入ることができます。クラリネットが好きならクラリネット協奏曲、弦楽器が好きなら弦楽五重奏。間口がとても広いんだよね。作品数もたくさんあるし。

加羽沢　若くして亡くなっているから、大御所というか、重鎮のような感じもないですしね。青春の感じがあって、曲によっては老成しているなと感じるものもあって。いろいろその時々で楽しめるアクセサリーみたいな感覚というのでしょうか。

石田　モーツァルトの曲を二〇曲くらいちゃんと知っていて、その場や状況に応じて選べたら、ちょっとカッコイイよね。

加羽沢　それいいですね。ソムリエみたい（笑）。

石田　今はクラシックのＣＤはすごく安く手に入れることもできるし、iTunesで買うこともできるから、まずは一曲通して聴いてみるといいよね。

加羽沢　その時に、好きな楽器から入るというのも重要だと思います。人によって楽器との相性ってかなり大きくて、プロの演奏家でもピアノは上手なのに他の楽器は全くダメなんてこともあるんですよ。相性はとても大事です。
人間関係でも、男女関係でも、なんだか気になるなと思う人は自分が好ましいと思うなにかを持っているんですよね。もともと自分が好きなものを持っている、この場合はそれが好きな楽器なんですけど、そこから入るといいと思います。

石田　モーツァルトはほぼすべてのジャンルで作品を残しているから大丈夫。どこからでも入れます。オペラでも室内楽でも。

モーツァルトと出会うタイミングは人それぞれ

――お二人のモーツァルトとの出会いはどんなふうだったのでしょう？

加羽沢　私は小さい頃からピアノを習っていたので、習いはじめの頃に弾くソナチネやソナタの曲にモーツァルトがとても多かったんです。子どもの小さい手に練習させせるにはピッタリなんですよね。カチッとはまるというのかな。でも子どもにとってはうまく軽やかに、テンポの中できちっと弾くのはとても難しくて、すごく辛かったんです。だから、トラウマというのか、モーツァルトのことはずっと苦手だったんですよ。

石田　ああ、なるほど。モーツァルトの曲には確かに「いい子」のイメージがあるね。子役感というのかな。

加羽沢　無理をしていた頃の自分を思い出すんですよね。苦い思い出なんです。

石田　モーツァルトの曲＝芦田愛菜説って、どうかな。いい子ちゃんのイメージ。

加羽沢　モーツァルト自身がもともと天才子役ですからね。晩年たどり着いた深い音楽性と、その一方で大人になりきれない人間性みたいなものも感じられて。謎の多い人物です。

石田　きっとあの時代は成熟とか大人とかいう観念が今とは違っていたん

じゃないかな。だから、今みたいに子どもを子ども扱いするということもなかった。僕たちが今の時代の中で考えている大人と子どもという関係であの時代を見ると、ちょっとずれてしまうんじゃないかなという気がする。

加羽沢　早熟な天才で、あちこちで引っ張りだこだったんですよね。

石田　世界の人たちはみんな天才子役が大好きなんだよね。でも、役者の場合と同じで一六歳くらいになると仕事の声がかからなくなる。さんざん「天才だ」「かわいいね」と言われてきたのに、大人になったとたん手のひらを返すようにそっぽをむかれて、きっと辛かったでしょう。相変わらず素晴らしい音楽を生み出しているのに、ちゃんと聴いてもらえない。その時期を耐えて乗り越えて、音楽的にはかつてないくらいにいいものを作り出しているのに、人気は落ちていくんだから大変な人生だよね。

——モーツァルトの曲を聴く時に、例えば若い頃の曲から始めた方がいいとか、順番を意識した方がいいでしょうか。

加羽沢　それは気にしなくて大丈夫です。好きだな、と感じたものから入ればいいと思います。モーツァルトが五歳の時に作った曲があるんですが、最終的に根本的なセンスのようなものは変わっていないなと感じます。好きなことや世界観が、ずっと変わらない。もちろん全く変わっていないわけではなくて、全く違う部分もあるんだけど、やっぱり似ているんですよね。

石田　小説家でも、よく「デビュー作にすべてがある」と言われるけれど、その人の持っている音楽のトーンや流れ方ってきっとずっと一緒なんじゃないのかな。だから、さっきも言ったように一つの曲やフレーズが耳に入ると、その他の曲も全部好きになる。

加羽沢　衣良さんのモーツァルトとの出会いの曲は何だったんですか？

石田　僕は大人になってから聴いたので、大人になってからの悲しい深いさびれた世界が好きなんだよね。三〇代から最晩年くらいかな。ピアノコンチェルト二七番とクラリネット協奏曲イ長調。あの辺りは大人が聴いてしびれると思うよ。なんというか、人生はこういうふうに終わっていくんじゃないかって思わせる不思議な透明感があるんだよね。

加羽沢　大人だからこそ感じられるものって確かにありますよね。

石田　四〇代くらいの人ならぜひここを入口にしてみてください。四〇代の男性って、人生なんだか辛いことばっかりじゃないですか。もう若くはない、夫婦生活はセックスレスだし仲もあまりうまくいってない。会社もそんなに居心地がいいわけでもなくて、自分の人生、さあこれからどうするんだ？　っていう時に、この二つの曲はすごくいいと思います。心にしみますよ。美しく悲しい世界なんだよね。と言っても、抱き合って一緒に泣くのではなくてガラス越しに手を振りながらすごくきれいな人が泣いているという感じ。それを見ながら、ゆっくり電車が出ていく……そんな情景。

加羽沢　音楽的に見ていくと、特にたいしたことしているわけじゃないんです。

長調なんですけど、ほんの一瞬だけ音程が少し下がったり、マイナーになったりする。その本当にちょっとした一瞬にふと現れる短調で、どうしようもなく泣けてくるんです。クラリネットにしても、クラリネットが下がって、そのあとオーケストラが下がるというその下がっていく連鎖がどうしようもなく泣けるんです。これだけの美しい音楽は地上にはない、そんな気持ちになるんです。

石田　やっぱりそれはそうじゃないの。人間って死が近づくと見えないものが見えてくるんじゃないかな。予感ってきっとあると思う。

加羽沢　そこに、どんな人の人生も重なっていくんですよね。聴き手を選ばない。誰もが自分の人生を重ねることができる瞬間があるという間口の広さ、そして温かさがありますよね。

――そのような素晴らしい瞬間を、誰もが持つことができるのでしょうか？

石田　もちろんです。誰でもそんな瞬間に出会えます。だって、とんでもない名曲なんだから、本当に。モーツァルトに関しては、いろんな人がいろんな個人的体験を書いているから、それを読むのも面白いと思いますよ。吉田秀和さんは確か、街を歩いていて交響曲第四〇番がふと聴こえてきて、そこで立ち止まって曲が終わるまで聴いたという話を書かれていたと思います。この瞬間があまりに素晴らしいので、他のことをするなんて考えられなかったって。そういう曲を何曲か持っているのっていいよね。

加羽沢　衣良さんにもそんな体験ありますか？

石田　うん。お茶の水の本屋さんで立ち読みしていた時に、ちょうどクラリネット協奏曲イ長調が流れてきて、本を開いたままずーっと最後まで聴いてましたね。好きな曲はそんなふうに突然耳に飛び込んでくることがある。

加羽沢　あの曲、メロディは意外と単純なんですよね。掛け合いも優しくて。

石田　シンプルゆえに演奏は難しいんじゃない？

加羽沢　私は楽器としてはクラリネットよりオーボエが好きなんですけど、あの曲はオーボエじゃ泣けないんです。クラリネットじゃないとダメなんです。楽器の持っているイメージとメロディ、テンポ、すべてが完璧。だけど、決して過剰ではない。聴き手がいろんなことを勝手に想像したり、自分の個人的な想いを重ねたりすることができる余白があるんですよ。

石田　昔、ウィスキーのコマーシャルで「何も足さない、何も引かない」というのがあったけど、まさにあんな感じだよね。完璧に均整がとれているから、これ以上何も必要ないというバランス。その均整のことをクラシックって言うんじゃないかな。

大事なのは「好き」かどうかだけ

――どうしてクラシックと言うと、身構える気持ちになってしまうんでしょうか。

石田　大事なのは好きかどうか、だけなんだけど。

加羽沢　誰だって一曲くらいは好きなクラシックの曲、あると思うな。

石田　本が好きな人は、その作家の文章のくせが自分にうまくはまっているという場合が多いと思う。音楽も一緒だよね。

加羽沢　そうそう、食べておいしいとか、この絵いいなと思うのとも同じですよね。

石田　現代人の悪い癖で、何でも知識から入ろうとするんだよね。日本人は特にそうなのかもしれないけど、何かを感じてそれを感じたままに表現するのが苦手。勉強とか学習から入ってしまうから自分の感情をうまく処理できない。中年の男性がみんな生きにくそうなのは、そこにひとつ原因があると思う。自分の感情をうまくコントロールできないんだよね。

加羽沢　中年男性ってそんなに辛いんですか？（笑）

石田　クラシック音楽や美術の鑑賞で黙り込んでしまうというのは、要するにみんな、正解があると思っているからなんだよね。だから今さら自分の感情なんて関係ないと思ってしまう。だけど、音楽や美術、芸術に正解なんてない。もっと自由に楽しめばいいんだけどなぁ。かしこまる必要はない。クラシックだってスマホで聴いても全然かまわない。よく言うよね。「音楽の良し悪しは電話越しに聴いてもわかる」って。

加羽沢　好きなものは好き、いいと感じたものはいい。そういう自分の気持ちに素直になればいいんです。

石田　自分の感情を信じてあげることが大事。でも、真面目な人ほど勉強や情報でがんじがらめになっていて頭が固くなっているから、なかなか感情を動かせないんだよね。そもそも、ほとんどの人にとってクラシック音楽との出会いの場であった学校の音楽の授業がつまらなかったからなぁ。あれってもっと楽しくできないものなの？

加羽沢　楽しくできると思いますよ。大人向けの講演を開いた後に、「こんな授業を子どもの頃に受けたかったたな」なんて言ってくださる人は結構多いです。でも、もしかしたら大人になった今だからわかるということもあるかもしれない。経験や深みが加わって、聴き方も変わっているでしょうし。

石田　美濃さんによる中年男性のための音楽入門、ぜひやってほしいな。話は変わるけど、今はクラシック演奏家の世界もビジュアルの時代になってきたよね。美人やイケメンの演奏家が増えてる。まあ、どんどん年はとっていくわけだけれど、まあ使えるうちに魅力は使っておけとも思うね。

――クラシックのコンサートに一度も行ったことがないという人もまだま

だ多いように思いますが、加羽沢さんは演奏される側としてどんなふうに感じてらっしゃいますか？

加羽沢　特にクラシックファンというわけではないんだけど、お友達と一緒にちょっと聴いてみようかしらという感じの女性が最近増えているように思います。すごく嬉しいです。例えば「ららら♪クラシック」を観て、ちょっと曲についての知識も得られたし、じゃあ実際に演奏を生で聴きに行こうかな、という人が確実に増えているのを感じます。

石田　いい時代になったよね。みんなが自分で考えてみようと思って勉強を始めているのを感じる。バブルの頃くらいまで、完全に今流行っているものが一番いいんだという価値観の時代があったよね。でも、音楽の世界では今はこれといった一番がなくなってしまった。

それぞれが自分の好きなものを探し始めるという動きはとてもいいことだと思う。一人ひとりのセンスや生き方が試されるようになってきたということ。何がベストかわからない中で、自分がいいと思うものを少しずつ積みあげていくことがいい人生につながると思う。

加羽沢　自分自身で見つけるということが大事ですよね。

石田　そう。自分で見つければ、それは身につくから。与えられたものではそうはいかない。自分で探しだしたものしか、本当にいいものには出会えないんだよね。他人からもらったものではダメなんだ。今みたいに経済的には不況と呼ばれる時代になって、ようやく落ち着いて自分自身を見つめられる状況になったのかもしれませんね。

加羽沢　自分を見つめる余裕ができて、時間やお金にも余裕ができたら、ちょっとおしゃれして演奏会に行ってみようかなって思ってもらえると嬉しい。素敵なレストランを予約して、楽しい夜にしようという計画の一部に演奏会に行くという選択肢が入るといいなと思います。
そして、どうせ行くなら好きな曲を聴きたいな、とか、この間テレビで解説していたあの曲を聴きたいな、なんてふうに興味を広げていってほしい。そういうことの積み重ねで人生は豊かになっていくと思います。

石田　音楽全般が今はダメになっているでしょう。みんなが楽しむものではなくなってきている。ジャズもロックもソウルも、どの音楽も死んでしまって遺跡になってしまった。振り返ると数々の遺跡の山があって、その中で一番大きなのがクラシックなんだよね。
だから、大人が掘っていって一番掘り甲斐もあって楽しいのはクラシックなんじゃないかな。ジャズだってもちろんとても面白いけれど、せいぜい一〇〇年分の遺跡でしょ。ロックなら五〇年くらいかな。巨大遺跡で、中を歩き回ることができて、いろんな景色をパノラマで見ることができるのは西洋音楽のクラシック。なんてったって三〇〇年の歴史があるから。
その中でいろんな人が生きて、そして死んでいる。いろんなライフストーリーも楽しむことができる。これは興味深いよね。教養のかけらを半分入れつつ、音楽を楽しむこともできるというのは大人にピッタリの趣味と言っていいんじゃないでしょうか。

——生演奏の魅力ってどういうところなんでしょうか？

加羽沢　私は作曲家なので、曲をつくる時は譜面にひとつずつ音符を落としていくんですが、その間ずっと不安と戦っているんです。本当にここは「ソ」でいいのか？　なんてことに悩んで一か月も二カ月も止まることもあります。

でもなんとか仕上げて、それを演奏家の方に託して演奏してもらうと、迷ったり悩んだりしたことなんてウソのようにピタッとはまるんです。もうずっと前から定められていたことなんじゃないかって思うくらい、これ以外になかったと確信できるくらい堂々と作品が立ちあがるんです。

それは演奏があってこそなので、やはり生演奏に触れる感動というのは言葉では言い尽くせないほど素晴らしいものなんです。

石田　今の話で気になったんだけど、悩んで止まっていた箇所って演奏家の人にはわかってしまうものなの？

加羽沢　聞いてみたことがないからわからないけど、どうなんでしょう。

石田　たぶんわからないんだろうな。自分の小説でもわからないもの。文章の途中で三週間くらい止まってしまうことがあって、またその後で続きを書くんだけど、書き終わった時にはどこで止まったのか自分でも覚えてないんだよね。

加羽沢　そう。自分でもわからなくなります。

石田　でも、本当に面白いね。音楽の場合は誰かが演奏してくれないとダメなんだね。

加羽沢　譜面のままだと何の価値もないというか、自分自身でも果たしてあの音で良かったのかどうかがずっとわからないままなんです。演奏家が関わって初めて、説得力のある作品にしてくれるわけです。ただ、誰が演奏するかがとても重要で、名演ができる人に弾いてもらえるかどうかでずいぶん変わってしまいます。

石田　すごい演奏家は、普通にドレミファソって音階を弾くだけでも人をわーっと感動させてくれるよね。

加羽沢　以前、コンクールの審査員を務めたことのある方がおっしゃっていたのですが、本番前の調弦している音だけでだいたいわかるんですって。

石田　演奏家はみんなそれぞれ自分の音を持っているんだよね。小説でもそうなんだ。同じ言葉でも文章の中に入ると全然違って見えることがある。

例えば「空」とか「机」なんていう言葉も誰の文章の中で出てくるかで全く違う表情になることがある。結局、その人全体から生まれてくる魅力というものが大きいんだね。


加羽沢　音楽の世界では、作曲家は演奏家に支えられているんです。曲があるだけではダメで、演奏家がいないと音楽は成り立たない。演奏家は演奏家で、曲を前にして一生懸命悩むんです。時代背景を調べたり、なぜこの音なんだ？　なんて考えたりするわけです。

またさらに言うと、聴いてくださるお客さまもいないとダメなんですよね。誰かに聴いてもらうということが大切で、そういう空間の中で曲も演奏家も成長していくんです。演奏の回数を重ねて、経験の中で熟していく。

そう考えると、何百年もの間、いろんな国のいろんな演奏家が迷ったり悩んだりしながらもそれを乗り越えて演奏して、それをまたいろんな国のいろんな人が聴いてきた。そうやって残ってきたのがクラシックなんです。それはもう、素晴らしいに決まっていますよね。まいっちゃうわけですよ。

石田　うんうん。今の話のすごくわかりやすい例が、EUを立ち上げる時に、ベートーヴェンの第九をヨーロッパ全体を象徴するものとして選んだという話かな。曲は歴史や時代を背負って成長していくんだよね。いまや第九を聴けばみんなが共通の理解を持てる。音楽の世界のこういう「みんなのもの」性というのは非常に素晴らしい。第九は平和と友愛の賛歌だからね。すべての人に開かれているという感じ。考えてみると、作曲家の仕事というのはお芝居の脚本と似ているんだね。役者がいて、演出家がいて初めて芝居になる。でも、作品をつくった人として、例えばシェイクスピアという名前がぐんと立ちあがってくる。これぞまさに古典。古典はやっぱり面白いなぁ。

短調のモーツァルトは大人にオススメ！

――最初の出会いではモーツァルトが苦手だったという加羽沢さんですが、モーツァルトの魅力に気づいたのはいつ頃だったんですか？

加羽沢　マイナーなレクイエムなどを知ってから、少しずつモーツァルトへの気持ちを立て直していきました。一五歳くらいの頃かな。あんなに天真爛漫で、何の苦労もなく書いてきたとしか思えないモーツァルトの悲しい部分が見えだしてきたんです。でも、モーツァルトの曲は短調でもとてもさわやかなんですよね。

石田　そうだよね。短調のモーツァルトは、大人にオススメします。交響曲第四〇番と交響曲第二五番。それからピアノコンチェルト第二〇番。そのあたりを集中して聴くと、自分の人生にきっと引っかかって来るものがあると思います。できれば、四〇番なら四〇番を最後まで一曲丸ごと聴いてみるというのがいいと思う。

頑張って集中しようと思わなくてもいいから、ただ、音楽に対して三〇分とか四〇分の間、向き合ってみるというのがいいんじゃないかと思います。できれば名演と呼ばれるものがいいとは思うけど、最初は何でも大丈夫です。

加羽沢　その時に、モーツァルトのこと、その音楽のことを少しでも知っていると距離を縮めることができると思います。敷居を高く感じるんじゃなくて、「タラランだけでできているんでしょ」なんて思える安心感とでも言うのでしょうか。友達としてモーツァルトに声をかけられそうな、そんな親近感みたいなものができるんです。

石田　モーツァルトの音楽は、全部聴こうと思ったら何年もかかるくらいの膨大な量。大きな山なんだけど、高尾山みたいなイメージなんだよね。初心者でも登れるし、リフトもある。ルートもいっぱいあるから好きなところから登ればいい。

加羽沢　「ららら♪クラシック」を始めた頃は、実はモーツァルトのことは嫌いな作曲家ナンバーワンだったんです。幼い頃のトラウマが相当大きくて。でも、番組を通してじっくり見つめることができて、彼も苦労していたということや悩んでいたことを知ってぐんと近づけた気がしました。

石田　その「嫌い」って、ほら、よくあるじゃない？「あんな人大嫌い！」って言ってたくせに三カ月後にはつき合ってたっていうパターン（笑）。
それじゃないの？

加羽沢　あはは。そう言われてみると、自分で勝手に思い込んで遠ざけていたんですよね。触れちゃいけないって決めつけていたというのかな。今は、モーツァルトがこちらに寄ってきてくれた感じ。そろそろ肩でも組もうかって思ったりもします。「ここのところ、悩んでたでしょ？」なんて話もしたくなってます。

石田　気がつけば、彼の年齢を越しちゃったしね。モーツァルトってさ、なんだか幽霊みたいな感じもしない？　本当にいたのかな、なんて思うこともあります。

そういう名前の人は確かにいたのかもしれないけど、音楽だけが残っていって、人間ではなく音楽の方が実態になってしまった。音楽の精霊というか、人間のイメージがあまりしないんだよね。

加羽沢　それ、わたしもわかります。

石田　これが、ベートーヴェンだったら自意識が強かったりものすごく悩んだりしたのが、人間としてはっきり見えるんだけどね。モーツァルトはよくわからない。でも音楽は素晴らしい。

加羽沢　わからないからこそいい、というところもありますよね。

石田　そうなんだ。今の時代は何か新しいものが現れると、すぐにすべてがわかってしまう。これはこういう音楽で、こういう背景ですというラベルを貼って商品にしてしまう。モーツァルトはそういうことからスルっと逃げていくんだよね。

加羽沢　なんとなく今の時代にピッタリな気がしますよね、モーツァルト。

石田　だけど、音楽って幅広くて面白いね。ＡＫＢ48やエグザイルがいて、モーツァルトがいて。この幅は両方体験してみた方がいいかもしれない。好き嫌いはちょっと脇に置いて。音楽の幅の広さをもっと楽しんだ方がいいと思うなぁ。

加羽沢　クラシックは苦手ですがニューミュージックは大好きです、という人も多いですが、実は、みんながニューミュージックや映画音楽だと思っている曲の中にクラシックがたくさんあるんですよね。

勝手にこれはクラシック、これはニューミュージックってイメージで分類してしまっているけど、相当入り混じっています。なんとなく「久石譲さんが書いた曲かな」なんて思っているのが実はクラシックだったりするんですよ。

石田　ポップスでも日本の曲でも、フレーズやメロディラインをクラシックの中から持ってきているというのはいっぱいあるよね。ラフマニノフなんかは相当使われているのでは？

加羽沢　音楽ってドレミファソラシの七音と黒鍵を入れても十二音しかなくて、その組み合わせで作られているものだから無限ではあるけれど意外と似てもいるものなんです。メロディが似ていても、テンポ感やリズムによってイメージがガラッと変わることもありますしね。

パッヘルベルのカノンコードというのがあって、今のポップスのほとんどはこのカノンコードでできています。進行の黄金コードなんですよね。ヒットしている曲を調べるとみんなカノンコード。組み合わせは無限かもしれないけど、やっていることはそんなにいくつもあるわけじゃない。

石田　小説でも考えてみたら型は六つか七つかもしれない。誰かがどこかへ旅をして帰ってくる話とか、大切な人を殺されて復讐する話とか。そんなふうにパターン化していくとそれほど多くはないよね。うーん、だから、時々果てしないことをやっているなと思いますよ。

だから、何を書くかよりもどう書くかが大事なんてことを小説の世界では言ったりもするわけですが、音楽の世界では何を書くかも大事だものね。果てしないなぁ。果てしない世界にようこそって言う感じだね。

加羽沢　その「果てしない」感がわかるきっかけが、音楽の場合はメロディとコードとリズム、この三つの要素なんです。果てしなさへのとっかかりとしては、例えば同じメロディでも違う楽器で聴いてみるなんていう手もありますね。そういうことをやってみて、ちょっとだけでも知ることで一緒に果てしない感を味わえるんです。イヤな気持ちではなく、果てしなさを共有して楽しめるというのでしょうか。

石田　あらゆるアートの楽しみはそこにあるのかもね。果てしない感で頭がクラクラする感じが実は楽しいという。今の時代、みんな「理解しなければならない」って思っているけど、クラシックのすごく大きくて深くて先が見えないような世界に入っていって、なんだ、これは？　果てしなくてクラクラするぞ！　という感じを楽しんでもらえたらいいな。みんなわからないものには手を出そうとしない。だから、レコード屋さんに行って自分で聴きたいものを選ぶこともできない。コンサートもなんだかおっかない、ってなっちゃうんだよね。
それは小説でも同じなんだけど。頭をクラクラさせる楽しみを持とう！
わかりきったことばかりが横行している時代に、一つくらいわからないことがあって、それにクラクラするのもいいんじゃないの？

加羽沢　クラクラするためには、ちょっとしたフックが必要。そのフックというのは、ある程度の知識や素養です。フックがないとただ漠然と通り過ぎちゃうし、聞き流しちゃう。ひっかかりがあるからこそ「参りました！クラクラです」という境地に行けるんだと思います。

石田　そういう人が増えたら、日本は今よりもっといい国になるね。どうしても逆の方向になりがちじゃない？　わからないものはよくないんだ、古いんだ。だから切り捨てよう、みたいになっちゃう。とはいえ、世界中を見渡してもクラシックに興味があって聴いている人というのはごく一部の豊かな人だけなんだよね。日本ほど間口が広がっているところは他にありません。このことは、日本の文化や経済の強さでもあって、素晴らしいところです。

加羽沢　吹奏楽の人口が日本は一〇〇万人くらいいて、世界最大なんです。そんな国、他にないですよ。

石田　そういう文化的な間口の広さとか、上下に関係なく楽しめる自由さは音楽を輸入して聴いている日本の強さだよね。そこは大事にしたい。それと同時に日本独自のものも見ていかないといけないとは思う。

——ところで、石田さんがご自身の小説の中で、特徴的に音楽を使っているのは意図的なものなんですか？

石田　最初はたまたまだったんです。『池袋ウエストゲートパーク』の一作目を書いていた時に、なにか音楽の要素も入れようかなと思ったんだけど、街の不良少年がラップを聴いていてもなんだか普通でしょう。それではつまんないから、じゃあクラシックにしようと思って入れてみたの。それ以来、一編につき一曲だから、最近は正直なところネタ探しが大変です。どこかしら本編のストーリーと関わっていないといけないから、探しだすのが難しい。また次も考えないとなぁ。

ようこそ、クラシックの世界へ

――最後に、モーツァルト、そしてクラシックという大きな山の入り口に立った人たちにお二人から贈る言葉をお願いします。

加羽沢　ぜひ生演奏を聴く機会をもってください。最初は知識なんてなくていいんです。おしゃれをして自分のために開かれるサロンに行くくらいのつもりで行ってください。贅沢なイベントの一つくらいのイメージで、演奏家たちが私のために弾いてくれるのよ、みたいな感じで。だから、どこで拍手するとか咳払いしてはいけないとかそんなことで気に病むことはありません。自分の方が貴族で、音楽家たちは家来くらいに思ってください（笑）。

あのね、眠くなれば寝てもいいと思いますよ。リラックスして聴いてほしい。そうやって楽しく回数を重ねているうちに、だんだんこういう曲が聴きたいなとか、あの演奏家の演奏がいいとか指揮者は誰が好きだとか、どんどん深みにはまっていってもらえると嬉しいな、と。

石田

その、おしゃれをするっていうのがすごく大事だよね。アメリカ文化が世界を覆った時に悪い傾向がはびこってしまって、どこに行くのも短パンとTシャツが当たり前になってしまったんだけど大人の人はちょっと背伸びをしてほしい。

ちょっと無理をして背伸びをする、ちょっと澄ますというのが本当に大事なんだ。これは難しいかなと思うものに手を伸ばしてみることを習慣にしていると、本当にいつか背が伸びて手が届くようになる。それを繰り返すことで、本物を見る目も音楽を聴く耳も育っていく。

あともう一つ大事なことは、できれば異性のカップルで行った方がいいと思います。奥さんとでも、恋人とでも。ちょっと恋心があった方がいいんじゃないかな。

加羽沢　確かに演奏会に男同士で来る方ってめったにいないですね。女性同士は多いですけど。

石田　カップルがお互いにおしゃれしてちょっと背伸びしてっていうのがいいよね。若い人が背伸びをしなくなってから日本はダメになったような気がする。若い人たち、もっと背伸びをしましょう。

加羽沢　ちょっとしたプチ贅沢くらいの気持ちで気軽に演奏会を楽しんでくれるといいなと思います。私なんて小さい頃親に連れられていった演奏会ではいつも非常口のそばに座っていたんですよ。いつでも出ていけるように。一番最初に行ったのは小澤征爾さんが指揮をされている演奏会だったのですが、爆睡しちゃったんです。それだけ気持ちいい演奏だったんだと思います（笑）。

石田　それは一つの体験として素晴らしいね。今、その話をできるというのが、とてもいいと思う。エピソードがある人生は素晴らしいと思うんだ。面白おかしいエピソードを貯めるために文化ってあるんじゃないかと思う。どうせいつかはみんな死んじゃうんだもの。モーツァルトしかり、ベートーヴェンしかり。彼らが命をなげうって生み出した音楽の残り香を今なお楽しめるなんて、最高に贅沢で楽しいことだよね。

加羽沢　演奏会の聴き手として上級者になっていくと、演奏家によって全然違う曲になったり指揮者が変わると同じオーケストラでも演奏が変わったりすることがわかるようになってくるんです。その違いがわかるようになると、どんどん面白くなってどんどん夢中になっていけると思います。ほんのちょっとした違いなんだけど、例えば食材が同じでも別のシェフがつくるとこんなに違う料理になるんだ！というような驚きが楽しめるようになります。

石田　大人の人は、おしゃれして背伸びして演奏会に行くというような姿を若い人に見せてあげてほしいな。カッコイイ年の取り方を見せてほしい。

加羽沢　衣良さんにもそれが期待されていると思いますよ。

石田　え？　そうなの？

加羽沢　そうですよ。衣良さんが「これはいいですよ」って言うなら聴いてみようって思っている人はたくさんいらっしゃると思います。「ららら♪クラシック」でも、衣良さんはすごくいいコメントをまるでモーツァルトのように流れるようにおっしゃってますよね（笑）。

石田　あはは。確かにモーツァルトタイプかも。いいフレーズにこだわったり、強く思いいれたりしないいんだよね。

加羽沢　衣良さんの言葉はあとからじわじわ効いてくるんです。今日もたくさんの素敵な言葉がさらっと流れていったような気がします……（笑）。

おわりに

この本はクラシック門外漢のぼくが語りおろしたモーツァルトのすべてです。
二〇〇五年からはじまった「熱狂の日」音楽祭（ラ・フォル・ジュルネ・オ・ジャポン）をきっかけにクラシック関係の仕事に携わることが増えた。自分にもなにかお手伝いすることはないだろうかと最初は軽く考えていた。もとよりぼくは専門家でもなく、おっちょこちょいもいいところである。

モーツァルトという音楽史上、最大の謎について、なけなしの知識と経験をはたいて、語りおろしをすることになってしまったのだ。これは難儀な大役である。何冊か研究書に目をとおしたけれど、心もとないことははなはだしい。しかも、音楽学者のようなことを話しても、ちっともおもしろくないのだ。

結果的に、この本にあるとおり、ぼくがさまざまなポップミュージックを経過して、クラシック音楽に出会い、その素晴らしい世界からいかに多くの恩恵を受けてきたかを、シンプルに語ることになった。ぼく自身の音楽史の再検証になったのである。

ひとりの幻のような作曲家について、ぼくに思いつく限りのあらゆる角度から、真剣に考えてみた。それで気づいたのは、音楽を語ることは音楽を聴くことと同じように、また楽しいものだという単純な事実である。

モーツァルトが誕生してから、もう二百六十年以上になる。だが、これくらいの歴史など、まだ始まったばかりなのだ。きっと人が生きている限り、世界のどこかでモーツァルトの音楽は鳴り響いていることだろう。百年後も、千年後も、それが変わるはずはない。人が人である限り、この音楽は残るのだ。それほど彼が達成した音楽の純度は高いのである。

クラシックというと、むずかしくて近寄りがたいイメージがあるかもしれない。でも、どんな音楽も人の心や暮らしを豊かにするためにつくられたものだ。もし、モーツァルトを聴いたことがないという人がいるなら、まず最初に心に響くメロディのかけらを見つけてほしい。

心にしみるひとつのメロディさえ見つかれば、巨大なクリスタルの尖塔のような作曲家の全体像が鮮やかに見えてくるはずだ。モーツァルトへの耳が開かれたのだ。

そこでどれほど豊かなものに出会えるか。J・S・バッハについてと同じようにいっておこう。
ぼくはこれからモーツァルトを聴くあなたが、うらやましくてならない。

石田衣良

激しかった夏の終わりの夕辺

本書は、２００６年刊行の『Ｉ　ＬＯＶＥ　モーツァルト』（幻冬舎）をもとに加筆・修正し、新たに対談部分を追加したものです。

●著者プロフィール
石田衣良（いしだ・いら）

1960年東京生まれ。'84年成蹊大卒業。'97年「池袋ウエストゲートパーク」第36回オール讀物推理小説新人賞、'03年「4TEEN」第129回直木賞、'06年「眠れぬ真珠」島清恋愛文学賞、'13年「北斗ある殺人者の回心」第8回中央公論文芸賞、各受賞。[メールマガジン]石田衣良ブックトーク『小説家と過ごす日曜日』(http://ishidaira.com/booktalk/) 毎月第2・4金曜日配信中！

●ご紹介
『MOZART TOP20 〜石田衣良モーツァルト・セレクション』
CD:UCCS-3019/20

「モーツァルトの音楽は、美しい謎である。」

石田衣良氏が監修、選曲、さらに1曲ごとにエッセイを書き下ろした、とってもカラフルなモーツァルト・アルバム。

マイナビ新書

モーツァルトのいる休日
大人の楽しむクラシック

2016年9月30日　初版第1刷発行

著　者　石田衣良
発行者　滝口直樹
発行所　株式会社マイナビ出版
〒101-0003　東京都千代田区一ツ橋二丁目6番3号　一ツ橋ビル　2F
TEL 0480-38-6872（注文専用ダイヤル）
TEL 03-3556-2731（販売部）
TEL 03-3556-2733（編集部）
E-Mail pc-books@mynavi.jp（質問用）
URL http://book.mynavi.jp/

装幀　アピア・ツウ
協力　ユニバーサル ミュージック
　　　ワーナーミュージック・ジャパン
　　　ソニー・ミュージックジャパンインターナショナル
編集協力　白鳥美子
帯・対談写真撮影　土屋久美子
印刷・製本　図書印刷株式会社

ISBN978-4-8399-6054-4
Printed in Japan